本书获上海市第十四届哲学社会科学优秀成果奖一等奖

TRADE-OFFS AND DEVELOPMENTS IN
RESEARCH METHODS OF POLITICAL SCIENCE

政治学研究方法的权衡与发展

左 才 著

复旦大学出版社

致"麦迪逊小分队"
("*Madison Mafia*")

序言

本书探讨政治科学实证研究方法的权衡观及其存在的主要争论、共识以及发展。笔者将大量笔墨贡献给定性方法，也关注社会调查和掀起"因果推断"革命的实验方法。舍弃定量方法和博弈论是基于个人能力和篇幅的考虑，认为已经有或者需要专门的著作对其进行讨论。

在国内学界，关注方法是一个新的现象。对方法的讨论在国内外都是小众的，因为很少有政治学家只研究"方法"，即便是以研究"方法"擅长的学者也大多赞同下面几个观点：

- 在社会科学研究中，理论（而非方法）是核心；
- 理论的训练是运用方法的前提；
- 方法服务于理论发展；
- 方法无法教你怎么选择一个重要的研究题目；
- 方法不能替代理论。

近些年来，国外政治学界开始重视研究设计。研究设计虽然取了一个听上去非常机械化的名字，但实质是为了让方法更好地服务于理论发展，探讨不同可能的研究路径，强调前期理论与调研经验积累，是一个充满变化和多样性的领域。本书对方法的探讨是从研究设计的视角出发，梳理围绕着"提升因果推断质量"展开的争论、达成的共识以及获得的发展。希望这部著作对政治学界的同行更好地理解和欣赏研究方法的价值、更好地运用具体研究方法推断纷繁复杂的社会现象中的因果关系有所裨益。

是为序。

左 才
2017 年 6 月

目　录
CONTENTS

第一章　导　论 ... 001

第一节　范式之争 ... 004

第二节　因果关系 ... 014

第三节　超越定性与定量之争 ... 030

第四节　比较政治学：一个以方法界定的领域 ... 037

第五节　政治学研究方法在中国 ... 041

第六节　研究目的与主要观点：方法的权衡观 ... 044

第二章　研究问题、概念与测量的选择 ... 046

第一节　研究问题的形成 ... 047

第二节　概念的结构与构建 ... 050

第三节　测量的效度 ... 062

第三章　案例分析与案例选择中的权衡　066

第一节　基本概念　067
第二节　关于选择偏差的争论　070
第三节　案例选择的不同策略　076
第四节　案例选择与比较策略的运用　090

第四章　过程追踪与比较历史分析：严谨化趋势　095

第一节　机制的定义与测量　097
第二节　过程追踪的逻辑与实践　099
第三节　关键节点的定义与识别　102

第五章　人类学方法：主观与客观　107

第一节　访谈的艺术与科学　110
第二节　参与观察的沉浸　117
第三节　档案与文本分析中的选择偏差　119
第四节　田野调查的必要性　121

第六章　社会调查方法：成本限制下的质量最大化　124

第一节　现代社会调查的发展　125
第二节　调查周期中的误差与规避　131

| 第三节 | 调查类型 | 148 |
| 第四节 | 中国政治学领域社会调查研究 | 151 |

第七章　实验与类实验方法：对内部效度的追求　163

第一节	政治学实验研究的历史与发展	164
第二节	虚拟事实模型	168
第三节	对内部效度的若干挑战	171
第四节	常见实验设计的运用	179

第八章　结语　192

附录　194

附录一	2015年IQMR训练营开设课程	194
附录二	比较政治学领域一些还未被回答的大问题	196
附录三	贝叶斯逻辑	199

主要参考文献　201

后记　207

图表目录

图1-1 《比较政治学研究》期刊文章运用不同研究方法的比例(1991~2010年) ········ 003

图1-2 《比较政治》期刊文章运用不同研究方法的比例(1991~2010年) ········ 003

图1-3 《中国季刊》期刊文章运用不同研究方法的比例(1991~2010年) ········ 004

图3-1 样本选择偏差 ·············· 071

图3-2 不同因果分布情况下的案例分类 ············· 078

图3-3 过程追踪中的案例选择 ·········· 086

图3-4 研究必要条件的案例类型 ········ 090

图3-5 研究充分条件的案例类型 ········ 090

图6-1 质量视角下的社会调查生命周期图 ············· 132

表1-1	社会科学基本研究范式	006
表1-2	不同学者对"机制"的定义	026
表2-1	经典范畴与辐射范畴的区别	055
表2-2	四种检验测量效度的传统	064
表3-1	案例选择技巧	080
表3-2	定性比较分析后(post-QCA)的案例比较与选择	089
表3-3	蔡晓莉研究中的案例比较	092
表4-1	过程追踪中的四种因果检验	100
表6-1	1980年以来中国政治学社会调查简况	153
表7-1	假设例子一	173
表7-2	假设例子二	176
表7-3	典型自然实验研究总结("类随机分配"干预)	187
表A-1	社会研究中的三种推断逻辑	199

第一章
导　论

20世纪六七十年代以来,政治学研究方法在方法论、程序、技术方面积累了大量的讨论。伴随着方法的讨论和发展,已经逐渐形成一些共同的标准和话语体系,为怎样做好实证研究提供了指导,促进了学者之间的交流和对研究发现的评价。

然而,方法的发展并不是均衡的。一项针对美国政治学排名前30位大学政治系课程的调查表明:43%的院系有开设研究设计的课程,所有政治系都有开设定量研究方法的课,三分之二的院系有开设定性研究方法的课程;必修的方法类课程平均数目为3门;20%的政治系将研究设计列为必修课程,66%的院系将定量研究方法课程设为必修,而仅有不到7%的院系将定性研究方法列入必修课程[1]。有学者抱怨:"顶尖大学中极少会开设定性研究方法的研究生课程,更别说将其列为必修课,这将导致社会科学研究中无法运用定性方法最新发展成果,从长远来说,社会科学正面临失去其多元研究方法中一个重要成员的风险。"[2]

出于对定性方法发展前景的担心,大卫·科利尔(David

---

[1] Andrew Bennett, Aharon Barth, and Kenneth Rutherford, "Do We Preach What We Practice? A Survey of Methods in Political Science Journals and Curricula", *PS: Political Science and Politics*, 2003, 36(3), pp.373-378.

[2] 参见美国定性研究方法协会网站,https://www.maxwell.syr.edu/moynihan/cqrm/About_CQRM/。

Collier)、柯林·埃尔曼（Colin Elman）、亚历山大·乔治（Alexander George）和安德鲁·班尼特（Andrew Bennett）共同创办了定性研究方法协会（Consortium on Qualitative Research Methods，CQRM）。受到美国国家自然基金（National Science Foundation，NSF）的资助，该协会旨在推动定性研究方法的发展、传播与运用。每年夏天开展为期两周的定性方法集训营（Institute for Qualitative and Multi-Method Research，IQMR）[①]。在美国政治学协会（American Political Science Association，APSA）45个分论坛中，仅有两个与研究方法相关，其中之一即为"定性与多重方法研究（Qualitative and Multi-Method Research）"，并专设奖项表彰优秀的定性研究。剑桥大学出版社的"社会研究策略（Strategies for Social Inquiry）"丛书包含对主要定性研究方法（比如，过程追踪、比较历史分析、案例分析），以及定性与多重研究方法的系统梳理和前沿探讨[②]。这些努力背后体现了部分政治学家对定性研究方法的由衷关切。

　　虽然定量方法在美国的政治科学研究中已经成为主流，但是使用定性方法的研究仍然占据重要的地位。笔者曾收集比较政治学领域的权威期刊《比较政治学研究》（*Comparative Political Studies*，CPS）和《比较政治》（*Comparative Politics*，CP），以及中国研究方面的顶级期刊《中国季刊》（*China Quarterly*，CQ）在1991~2010年共320余期发表的研究文章发现，使用案例研究分析方法的文章在一些权威期刊中占据的比例仍然要高于定量统计方法（如图1-1至1-3所示）。

　　与主流的定量统计方法相比，定性方法经常被认为是不够严

[①] 2015年IQMR训练营开设课程的清单请见附录一。更多关于训练营的信息及指定阅读文献可参见定性方法集训营的主页，https://www.maxwell.syr.edu/moynihan/cqrm/Institute_for_Qualitative_and_Multi-Method_Research/。

[②] 参见美国定性研究方法协会网站的"社会调查策略"主页，https://www.maxwell.syr.edu/moynihan/cqrm/SSI-CUP/。

谨的。同时,似乎无须任何特别的学习,每个研究人员天生都能用好定性方法。这种思维显然忽视了大量建立在实证研究基础上的方法论和方法的讨论以及近些年定性方法的发展。因此,本书花大量笔墨关注定性方法,从研究设计的角度和如何做好实证研究出发,梳理和讨论政治科学在研究方法领域的主要争论、共识以及发展。

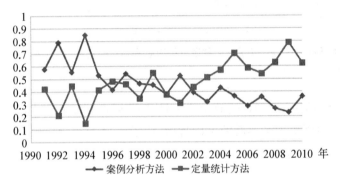

图 1-1 《比较政治学研究》期刊文章运用不同研究方法的比例(1991~2010 年)
来源:笔者自制。

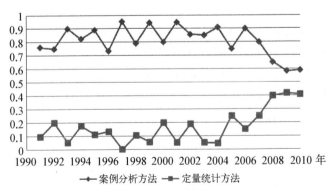

图 1-2 《比较政治》期刊文章运用不同研究方法的比例(1991~2010 年)
来源:笔者自制。

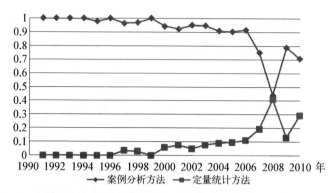

图 1-3 《中国季刊》期刊文章运用不同研究方法的比例(1991~2010年)
来源：笔者自制。

本章将梳理和评述政治学方法论层面的主要争论，包括范式之争、对因果关系本质的不同理解，以及定性与定量之争，并且概述比较政治学和本土政治学方法的发展。

第一节 范 式 之 争

方法论(methodology)是关于研究方法的理论，探讨的主要问题包括："(1) 社会科学能否像自然科学那样客观地认识社会现象？(2) 是否存在客观的社会规律？(3) 应采用何种方法来研究社会现象？(4) 如何判断社会科学知识的真理性？(5) 人的主观因素（如价值观、伦理观）对社会研究有什么影响？"[①]关于方法论的讨

[①] 袁方主编：《社会研究方法教程》，北京大学出版社2013年版，第19页。白钢和刘军宁指出，政治学研究方法绝不仅仅是几种常见的研究方法的简单加总，而是由理论、研究方法和研究技术结合起来的有机体。《中国大百科全书·政治学》中的"政治学研究方法"的条目将其划分为三个层次：方法论、程序性方法和技术性方法，参考白钢和刘军宁：《关于政治学方法论研究的几个问题》，《中国社会科学院研究生院学报》1992年第3期。

论注定与本体论及认识论紧密相连。本书对方法论的定义和讨论侧重在上述五个问题中的第三至第五个问题。应采用何种方法来研究社会现象,取决于研究的目标是什么、什么是研究的效度(validity)等,而这些方面归根结底取决于与社会现象本质以及应该怎样认识这种本质相关的一系列假设。如伊贡·古巴和伊冯娜·林肯(Egon Guba & Yvonna Lincoln)所说:"方法问题从属于范式问题,我们把它定义为基本信仰系统或世界观,它不仅在方法的选择方面,而且在本体论和认识论的基本方面为研究者提供指导。"[1]自托马斯·库恩(Thomas Kuhn)提出范式的概念[2],社会科学各领域都不同程度地展开了关于各自学科不同研究范式的讨论,有的学科甚至直接运用范式来指导理论研究。在政治学领域,虽然范式之争在较大范围上早已式微并代之以实用的分析折中主义和多元主义[3],但是不同研究范式在本体论和认识论上

---

[1] [美]克里福德·克里斯琴斯:《定性研究中的伦理与政治》,载[美]诺曼·邓津,[美]伊冯娜·林肯主编:《定性研究:方法论基础》,风笑天等译,重庆大学出版社2007年版,第163页。

[2] 范式主要指研究和观察问题时的角度、视野、参照框架以及指引行为的基本信仰系统和世界观,对库恩"范式"概念的系统考察可参考玛格丽特·玛斯特曼(Margaret Masterman)列举的21种不同含义,参见[英]玛格丽特·玛斯特曼:《范式的本质》,载[英]伊雷姆·拉卡托斯、艾兰·马斯格雷夫主编:《批判与知识的增长》,周寄中译,华夏出版社1987年版,第73—115页;Dogan Mattei, "Paradigms in the Social Sciences", in Smelser Neil, and Baltes Paul, eds., *International Encyclopedia of the Social and Behavioral Sciences*, Elsevier Ltd., 2001, pp.11023-11026。对库恩范式概念的主要批评者包括伊雷姆·拉卡托斯(Imre Lakatos),参见 Lakatos Imre, "Falsification and the Methodology of Scientific Research Programmes", in Lakatos Imre, and Musgrave Alan, eds., *Criticism and the Growth of Knowledge*, Cambridge University Press, 1970, pp.91-196。

[3] Rudra Sil, and Peter Kazenstein, "Analytic Eclecticism in the Study of World Politics", *Perspectives on Politics*, 2010, 8, pp.411-431; Rudra Sil, and Peter Kazenstein, *Beyond Paradigms: Analytic Eclecticism in the Study of World Politics*, Palgrave Macmilla, 2010; Mark Lichbach, and Alan Zuckerman, "Paradigms and Pragmatism: Comparative Politics during the Past Decade", in Mark Lichbach, and Alan Zuckerman, eds., *Comparative Politics: Rationality, Culture and Structure*, Cambridge University Press, 2012, pp.1-17.

的区别是客观存在并深刻影响着方法论中的诸多讨论。本章无意于回顾政治学领域范式之争的整个过程,而只是通过展示不同研究范式(或是研究传统)之间的区别,来更好地呈现政治科学的实证主义基础与其他传统的区别以及方法论一些基本争论的源头。

范式作为一个概念,反映的是学者的主观构建,因此不同领域学者眼中研究范式的类型存在差异。总的来说,社会科学大的研究范式包括实证主义(positivism)、后实证主义(post-positivism)、批判理论(critical theory)和建构主义(constructivism)。囿于篇幅,表1-1仅呈现在政治学讨论中较为常见的实证主义、后实证主义及建构主义范式在本体论、认识论、方法论、研究目标以及理解效度方面的差异。

表1-1 社会科学基本研究范式

	实证主义	后实证主义	建构主义
本体论	天真的实在论——"真实"的现实,可以理解(naive realism——"real" reality but apprehensible)	批判实在论——"真实"的现实,但只能不完全地而且是概率性地理解	相对论——被本土化地、有针对性地建构的现实(relativism—local and specific constructed and co-constructed realties)
认识论	二元论/客观主义;发现是真实的	经修正的二元论/客观主义;发现可能是真的	交流的/主观主义的/创造的发现(transactional/subjectivist; created findings)
方法论	实验/操作的(方法);对假设的证实;主要使用定量方法	经修正的实验/操作(方法);对假设的证伪;可以包括定性方法	诠释学的/辩证方法(hermeneutical/dialectical)

续　表

	实证主义	后实证主义	建构主义
研究目标	解释（Erklären；说明因果）；预测和控制	解释（Erklären；说明因果）；预测和控制	理解（Verstehen；理解意义）
知识的本质	经证实的、作为事实或法则建立的假设	未被证伪的、可能是事实或法则的假设	围绕着共识结合起来的个人或集体重建
研究质量标准	常规的"严谨"（rigor）标准：内部和外部效度、可靠性及客观性	常规的"严谨"（rigor）标准：内部和外部效度、可靠性及客观性	可信性和真实性①
效度是什么	对效度的传统实证主义构建：严谨、内在效度、外在效度、可重复性(信度)、客观性	对效度的传统实证主义构建：严谨、内在效度、外在效度、可重复性(信度)、客观性	抵抗常规的效度②；与伦理联系在一起的效度
价值对研究的影响	价值无涉——否认价值的影响	价值无涉——否认价值的影响	包含价值
研究者姿态	为决策者和制造变化的主体提供信息的"公正无私的社会科学家"	为决策者和制造变化的主体提供信息的"公正无私的社会科学家"	富有激情的参与者推动多重声音的重建

注：建构主义内部存在不同类型，表格中的建构主义更偏向后现代建构主义。也有学者将实证主义、后实证主义和建构主义视为不同的认识论，关于政治学领域本体论和认识论的不同类型以及两者之间的关系，还可参见 Paul Furlong, and David Marsh,

---

① 这儿的真实性（authenticity）标准包括公正性、本体论或教育意义上的真实效力以及催化意义上的真实性。公正性指所有利益相关者的观点、视角、主张、关注和声音都应该在文本中得到彰显，是一种平衡性；本体论或教育意义上的真实性指研究参与人员意识层次和批判能力的提升；催化意义的真实性指研究能够推动研究参与者一方的行动，能够培养研究参与者创造积极社会变迁的能力或创造解放性的社群行动。

② 参考[美]伊冯娜·林肯、[美]伊贡·古巴：《范式间的争议、矛盾及正在出现的融合》，载[美]诺曼·邓津、[美]伊冯娜·林肯主编：《定性研究：方法论基础》，风笑天等译，重庆大学出版社 2007 年版，第 194—196 页。

"A Skin Not a Sweater: Ontology and Epistemology in Political Science", in David Marsh, and Gerr Stoker, eds., *Theory and Methods in Political Science*, Palgrave Macmillan, 2010.

资料来源：[美]伊冯娜·林肯、[美]伊贡·古巴：《范式间的争议、矛盾及正在出现的融合》，载[美]诺曼·邓津、[美]伊冯娜·林肯主编：《定性研究：方法论基础》，风笑天等译，重庆大学出版社 2007 年版，第 177—184 页。笔者对文献进行选择和修订，制成本表。

实证主义由现代社会学的开创者奥古斯特·孔德（Auguste Comte）提出，强调社会世界是客观存在的，客观上存在着一种可以被研究、捕获和理解的现实，社会事实可以也必须透过观察或经验来认识，排斥形而上学的传统。形而上学的实体是不真实的，只有感知现象的事实存在，除了感知现象之外没有其他的现实（reality），社会科学家应该把精确的数据作为事实的源泉①。对社会现象的研究类同于对自然现象的研究，主要在于揭示社会组织以及变化和发展的抽象法则，社会科学是按照因果律来解释人类行为的科学。孔德将自然科学的方法引入社会研究领域，提出两类社会研究方法：观察和比较法，其中包括历史比较研究。约翰·斯图尔特·密尔（John Stuart Mill）、赫伯特·斯宾塞（Herbert Spencer）、卡尔·马克思（Karl Marx）和埃米尔·迪尔凯姆（Émile Durkheim）进一步发展了实证主义的社会研究方法②。后实证主义对实证主义的观点进行了一些修正，比如，后

---

① 比如，约翰·斯图尔特·密尔（John Stuart Mill）就直接将事实定义为一种"感知的永久可能性（permanent possibility of sensation）"，见 John Stuart Mill, *Examination of Sir William Hailton's Philosophy and of the Principal Philosophical Questions Discussed in His Writings*, Longman, Green, Roberts and Green, 1865, p.198。参考[美]克里福德·克里斯琴斯：《定性研究中的伦理与政治》，载[美]诺曼·邓津、[美]伊冯娜·林肯主编：《定性研究：方法论基础》，风笑天等译，重庆大学出版社 2007 年版，第 143—167 页。

② 关于实证主义的历史沿革以及对它的批评，可参考 Smelser Neil, and Baltes Paul, eds., *International Encyclopedia of the Social and Behavioral Sciences*, Elsevier Ltd., 2001, pp.11821-11829。关于实证主义不同流派，逻辑实证主义（logicism）与经验实证主义（empiricism）区别的讨论，可参考 Ian Shapiro, *The Flight from Reality in the Human Sciences*, Princeton University Press, 2005。

实证主义者认为，现实从来不可能被完全把握和理解，而只可能被接近①，理论从来都不能被经验事实证实而只能被证伪②。但实证主义者和后实证主义者在研究目的以及评价研究质量的标准上基本一致，在他们看来，社会领域研究的目的是说明因果关系，而高质量的研究在于其提供了有效度的、可靠的和客观的解释。

在实证主义传统下，对效度的最经典定义来自实验研究。唐纳德·坎贝尔（Donald Campbell）和朱利安·斯坦利（Julian Stanley）将效度区分为内部效度和外部效度：内部效度指的是实验当中的干预是不是确实导致了观察结果的变化或差异，引申开来说，实证主义研究进行因果解释时，声称的原因要素到底在多大程度上是真正导致研究现象的原因；外部效度则指的是发现的因果关系可以外推到哪些其他人群或情境，有多大程度的推广性和普遍性③。这种理解效度的方式是不包含任何伦理要素的。

实证主义传统下的价值中立往往追溯到密尔关于手段与目的的二元论。在这种二元论下，科学讨论的是手段问题，不属于道德范畴，社会科学中的方法在实质和内容上都应是无偏见的，而只有在应用的时候才具有政治性④。马克斯·韦伯（Max Weber）进一步区分了价值无涉与价值关联，他认为对道德漠不关心的态度和科学的客观性没有关系，社会科学家对研究内容和研究问题的选

---

① Egon Guba, "The Alternative Paradigm Dialog", in Egon Guba, ed., *The Paradigm Dialog*, Sage Publication, 1990, pp.17-30.
② Karl Popper, *The Logic of Scientific Discovery*, Hutchinson, 1959; Karl Popper, *Conjectures and Refutations*, Routledge & Kegan Paul, 1969.
③ Donald Campbell, and Julian Stanley, *Experimental and Quasi-Experimental Designs for Research*, Houghton Mifflin Company, 1963, p.5. 外部效度也可指实验的可复制性。
④ Michael Root, *Philosophy of Social Science: The Methods, Ideals, and Politics of Social Inquiry*, Blackwell, 1993.

择是在价值观的基础上作出的,但在研究的实施阶段,社会科学应该是价值无涉的,研究结果不能表现出任何的道德或政治判断,研究者和教师应无条件地把经验事实与自己的政治评价分离开来①。

科学主义传统下的实证主义和后实证主义受到的最主要挑战来自解析主义传统。严格来说,解析主义(interpretivism)、诠释学(hermeneutics)以及建构论是定性研究中三种不同的认识论立场②,但在反对实证主义以及从互动的个体角度来研究世界这些问题上,三者立场一致。在他们看来,社会世界不是客观的,而是在人的互动中被主观建构起来的,因此认识社会世界必须通过理解它被建构的过程和背景来完成③。并且,社会组织和发展变化存在抽象法则或规律,如果不是实证主义者的幻想,那也是因时因地而异的④。社会领域研究的目的在于理解特定社会环境背景下行为的意义,而不是说明因果关系或探求普遍规律。自然地,评判研究质量的标准也会与实证主义传统关注效度和信度的"严谨"标准不同。并且,实证主义以及后实证主义关于价值无涉的立场受到来自建构主义、批判理论以及共产主义女性主义的批判。他们认为,在假定的价值无涉条件下的无偏见研究需要重新加以考虑。"这种假定道德中立、客观观察可以正确地获知事实的非情境化、非情景化的模型,忽略了与性别、性取向、阶

---

① 参考[美]克里福德·克里斯琴斯:《定性研究中的伦理与政治》,载[美]诺曼·邓津、[美]伊冯娜·林肯主编:《定性研究:方法论基础》,风笑天等译,重庆大学出版社 2007 年版,第 147—148 页。

② Thomas Schwandt, "Three Epistemological Stances for Qualitative Inquiry", in Denzin Norman, and Lincoln Yvonna, eds., *Handbook of Qualitative Research Methods*, Sage Publication, 2003, pp.292-331.

③ 朱天彪:《〈社会科学中的研究设计〉与定性研究》,《公共行政评论》2015 年第 4 期。

④ 参考 Alasdair MacIntyre, "Is A Science of Comparative Politics Possible?", in Lewis Paul, Potler David, and Castles Francis, eds., *The Practice of Comparative Politics*, Longman, 1978, pp.226-284.

层、种族、民族及国籍有关的权力关系的作用,它是有等级的(科学家—研究对象)和偏向于父权制的,它掩盖了观察者与社会和文化的统治机构相牵连、相包容的方面。"①如果说实证主义者和后实证主义者们会声称在某些方面两者是可通约(commensurable)的话,解析主义传统与(后)实证主义传统在较多方面是对立和无法通约的②。

值得指出的是,当代对解释的定义在一定程度上模糊了建构主义与非建构主义在研究目的上的区别。马克斯·韦伯曾经区分了人类行为的两种立论模式:"第一,解释是论证在'因果关系层次上的充分性':如何去有效地说明某人的行为是某些条件导致的结果,并且是可以预见的;第二,理解则论证在'意义层次上的充分性':如何去更好地领会,行为者是如何阐释他正在进行的行为。韦伯将这两种要素看成独立的——即使我们没有真正理解某人是如何思考的,我们也可能预言和'解释'此人的行为——不过,他又认为,对行为任何有效的'因果阐释',总是两者兼具的。"③下文将提到当代大多数哲学家和社会科学家,在定义"解释"和推断因果关系时,与大卫·休谟(David Hume)的共变和相关逻辑不同,比如关注一系列情况引起另一情况的机制或者过程,这其实就是"理解"人们如何思考并做出某些行为。不难看出,在一些学者看来,

---

① 参考[美]克里福德·克里斯琴斯:《定性研究中的伦理与政治》,载[美]诺曼·邓津、[美]伊冯娜·林肯主编:《定性研究:方法论基础》,风笑天等译,重庆大学出版社2007年版,第154页。

② 虽然在本体论和认识论方面这些不同范式之间无法通约,但是并不意味着在具体的方法运用上存在截然不同。比如,过程追踪是建构主义者使用的主要方法,但是非建构主义也会运用这种方法。具体讨论可参考[美]克雷格·帕森斯:《建构主义与阐释理论》,载[英]大卫·马什、[英]格里·斯托克编:《政治科学的理论与方法》,景跃进等译,中国人民大学出版社2013年版,第73—81页。

③ [美]克雷格·帕森斯:《建构主义与阐释理论》,载[英]大卫·马什、[英]格里·斯托克编:《政治科学的理论与方法》,景跃进等译,中国人民大学出版社2013年版,第66—81页。

所有有效的解释都需要具有这种理解①。

　　由于范式本身也是主观构建的概念，因此不同研究者眼中的研究范式也各异。对于范式的分类，除了上面提到的主流范式类型之外，还可划分出更细致、更贴近理论的范式类型，比如，唐世平根据四个维度总结了社会科学领域当中存在的十一种基础范式；政治学领域讨论得比较多的范式主要包括行为主义（behaviouralism）和制度主义（institutionalism）；路易·坎妥利（Louis Cantori）和安得烈·齐格勒（Andrew Ziegler）归纳出比较政治学存在的三种政治取向型范式：自由—民主主义范式、激进主义范式和社会合作主义范式②。国际关系领域的三大主流范式——现实主义（realism）、自由主义（liberalism）、建构主义，以及比较政治学领域中的理性选择（rational choice approach）、结构主义（structuralist approach）、文化主义（culturalist approach）之间的争论已经式微，实用的折中主义以及分析视角和方法的多元主义已经成为政治学各子领域中的共识。无论是倾向哪一派的学者都认为运用多种研究视角有益于理论发展。虽然在具体研究中，比较政治学不同流派间的差异仍然十分明显，但是它们之间的冲突往往被认为是有利于政治学学科以及各自范式内部的发展。同时，这些学者大多赞同社会科学应该从寻找宏大理论转变为探索中层理论（middle-range theory）以及重视对因果机制的探索，并混

---

　　①　[美]克雷格·帕森斯：《建构主义与阐释理论》，载[英]大卫·马什、[英]格里·斯托克编：《政治科学的理论与方法》，景跃进等译，中国人民大学出版社2013年版，第66—81页。

　　②　Shiping Tang, "Foundational Paradigms of Social Sciences", *Philosophy of the Social Sciences*, 2011, 41(2), pp.211-249. 关于政治学中的范式的讨论参考郭正林：《政治学的范式推演与路径多元》，载郭正林、肖滨主编：《规范与实证的政治学方法》，广东人民出版社2003年版；比较政治学领域中的政治取向型范式的讨论，参考张小劲、景跃进：《比较政治学导论》，中国人民大学出版社2008年版，第47—65页；Peter Burnham, Karin Gilland Lutz, Wyn Grant, and Zig Layton-Henry, *Research Methods in Politics*, 2nd edition, Palgrave Macmillan, 2008, pp.19-29.

合使用不同范式或流派下强调的因果机制[①]。在比较政治学领域,尤其在制度分析以及抗争政治的研究中,能非常明显地看到不同流派之间的对话和交融[②]。

本体论方面的差异,往往是方法论争论的根源。比如,应该用什么样的方法来发现和说明社会现象中的因果关系,与社会和政治现象的本质,尤其是社会和政治现象中因果关系的本质是什么

[①] 关于分析折中主义及其讨论,可参考 Rudra Sil, and Peter Kazenstein, "Analytic Eclecticism in the Study of World Politics", *Perspectives on Politics*, 2010, 8, pp.411-431; "Symposium: Beyond Paradigms and Research Programs?", *QMMR* (*Newsletter of the American Political Science Association Organized Section for Qualitative and Multi-Method Research*), 2010, 8(2), pp.5-23;实用主义的讨论可参考 James Johnson, "Consequences of Positivism: A Pragmatist Assessment", *Comparative Political Studies*, 2006, 39(2), pp.224-252; Joerg Friedrichs, and Friedrich Kratochwil, "On Acting and Knowing: How Pragmatism Can Advance International Relations Research and Methodology", *International Organization*, 2009, 63(4), pp.701-731。

[②] 在制度分析领域,强调或尝试将理性选择制度主义(rational choice institutionalism)、历史制度主义(historical institutionalism)以及社会学制度主义(sociological and normative institutionalism)进行融合的文献主要包括 Kurt Weyland, "Toward a New Theory of Institutional Change", *World Politics*, 2008, 60(2), pp.281-314; Jonathan Rodden, "Back to the Future: Endogenous Institutions and Comparative Politics", in Mark Lichbach, and Alan Zuckerman, eds., *Comparative Politics: Rationality, Culture, and Structure*, Cambridge University Press, 2009; Avner Grief, *Institutions and the Path to the Modern Economy: Lessons from Medieval Trade*, Cambridge University Press, 2006; Giovanni Capoccia, and Daniel Kelemen, "The Study of Critical Junctures: Theory, Narrative, and Counterfactuals in Historical Institutionalism", *World Politics*, 2007, 59(3), pp.341-369; Barry Weingast, "Persuasion, Preference Change, and Critical Junctures: The Microfoundations of a Macroscopic Concept", in Ira Katznelson, and Barry Weingast, eds., *Preferences and Situations: Points of Contact between Historical and Rational Choice Institutionalism*, Russell Sage Foundation, 2005。除了这三种主要的制度分析流派之外,还存在其他制度分析流派,具体参考:[英]维恩·朗德斯:《制度分析》,载[英]大卫·马什、[英]格里·斯托克编:《政治科学的理论与方法》,景跃进等译,中国人民大学出版社 2013 年版,第 49—65 页;在抗争政治领域,将不同流派融合的研究可参考 Doug McAdam, Sidney Tarrow, and Charles Tilly, "Comparative Perspectives on Contentious Politics", in Mark Lichbach, and Alan Zuckerman, eds., *Comparative Politics: Rationality, Culture, and Structure*, Cambridge University Press, 2009, pp.260-290。

紧密相关①。方法论应该与本体论保持一致。然而,如彼特·霍尔(Peter Hall)所说,比较政治学领域存在着本体论与方法论不匹配的现象:二战后当建立在概率统计基础上的定量方法在比较政治学领域逐渐获得广泛运用时,其关于因果关系的本体论经历了三次转变——第一次是20世纪五六十年代将因果关系理解为一种普通经验定律(covering laws)或是常规关联(constant conjunction),以及一种功能主义的因果观,即一种现象的存在可以用这种现象的影响和后果来解释;第二次是在20世纪六七十年代,比较政治学家认为导致结果的原因最终是个人行为;第三次是20世纪80年代末,学者提出的"多个同时存在的原因"以及复杂的因果关系结构,这种因果关系的本体论与定量回归必须满足的一系列假设往往不一致。尤其是将政治现象理解为不同主体策略性互动结果的博弈论理论以及路径依赖理论的发展,其实是对因果关系和因果结构的重新认识②。在霍尔看来,要与这种因果关系的本体论保持一致,比较政治学研究需要使用小样本的系统过程分析。这自然引出了对因果关系本体论的讨论,下部分将在政治学领域对因果关系本质的不同理解进行深入剖析。

第二节 因 果 关 系

因果解释是政治科学乃至社会科学的核心任务。理论框架

---

① 比如,Robert Aunger, "On Ethnography: Storytelling or Science?", *Current Anthropology*, 1995, 36, pp.97-114; Peter Hall, "Aligning Ontology and Methodology in Comparative Research", in James Mahoney, and Dietrich Rueschemeyer, eds., *Comparative Historical Analysis in the Social Sciences*, Cambridge University Press, 2003, pp.373-404。

② Peter Hall, "Aligning Ontology and Methodology in Comparative Research", in James Mahoney, and Dietrich Rueschemeyer, eds., *Comparative Historical Analysis in the Social Sciences*, Cambridge University Press, 2003, pp.373-404.

(theory frame)和理论中的核心构成部分就是因果关系①。在科学的传统下,因果关系被理解成可以被观察并测量到的。即便在这个共同前提下,对因果关系的本质及形态仍存在着非常不同的理解。亨利·布雷迪(Henry Brady)非常精彩地总结了四种理解和构建因果关系的逻辑与传统②。在其分析的基础上,下面将梳理和提炼每一种逻辑的表现形式和利弊。

一、休谟或新休谟传统

大卫·休谟和约翰·密尔等哲学家都曾经用充分条件的逻辑来定义因果关系。X 是 Y 的原因当且仅当 X 是 Y 发生的充分条件。这种定义自然引起了关于其他条件(比如必要非充分条件)是否是原因的讨论。休谟对因果关系的传统定义也无法处理多种原因或不同原因组合导致某个共同结果的情况,后来的哲学家对这种定义进行了扩充。比如澳大利亚哲学家约翰·麦凯(John Mackie)将"原因"定义为 INUS 条件③。电线短路(A)与木质结构房子(B)两个条件足以导致房子起火,汽油罐(C)与火炉(D)共同作用也足以导致房子起火。虽然 A、B、C、D 四个条件都不是房子起火这个结果的必要或是充分条件,但是每个都是导致房子起火充分条件中的必要非充分要素④。根据约翰·麦凯的定义,每一

---

① 关于理论框架(theory frame)和理论的区别,参见 Dietrich Rueschemeyer, *Usable Theory: Analytic Tools for Social and Political Research*, Princeton University Press, 2009。
② Henry Brady, "Causation and Explanation in Social Science", in Janet Box-Steffensmeier, Henry Brady, and David Collier, eds., *The Oxford Handbook of Political Methodology*, Oxford University Press, 2008, pp.217-270.
③ INUS 条件指非必要但是充分条件中的非充分且必要的部分[Insufficient (I) but necessary(N) part of a condition which is itself unnecessary(U) but exclusively sufficient (S) for the effect]。
④ 在这个例子中,房子起火的充分条件有两个:一个为 A 和 B 同时存在,另一个为 C 和 D 同时存在。

个都是原因。这种定义的优点在于涵盖了多因一果的情况,避免了因果宿命论,使得因果概率论的逻辑也可以适用①。但是这种定义的本质仍然与休谟相同,仍然是将因果关系视为两种现象或因素的常规关联。其一,休谟认为 X 和 Y 之间因果关系的建立必须满足三个条件:(1) X 和 Y 在时间和空间上必须是邻近的;(2) X 发生在 Y 之前;(3) X 与 Y 的常规关联②。但是两种现象的常规关联并无法证实两者之间存在因果联系。比如,湖水结冰与接种流感疫苗的人数上升之间的关联,是因为两者都是某个共同因素(比如气温下降)的结果,两者之间并不存在因果关系。观察到相关性之后,研究人员仍然需要运用其他证据来检验这种关联是否是因果关系。其二,在具体确定关联两者孰因孰果上,休谟传统强调时间的先后顺序,发生在前即是因。但有时在确定时间顺序方面也存在困难,比如"先有鸡还是先有蛋"的问题。

因果关系也可以用必要条件来定义:Y 只有在 X 存在的条件下才会发生,那么 X 就是 Y 的原因。必要条件的逻辑最早可以追溯到亚里士多德。在这种逻辑下,某个变量或条件只能是或不是必要条件,换句话说,对必要条件的测量必然是一个二分变量。后来的研究人员发展和突破了这种经典逻辑,将必要条件定义为一种概率性的连续变量,比如 99% 的观测发现某个变量是 Y 发生的必要条件,查尔斯·拉金(Charles Ragin)认为这个变量就是 Y 发生的"几乎必要条件(almost always necessary)"。关于必要条件,至少存在五种定义和逻辑:亚里士多德的经典两分定义、集理论(set theory)、模糊集理论(fuzzy logic/sets)、微积分统计逻辑以及

---

① 在因果关系的内涵上,主流观点都将其视为概率性的(probabilistic)而非决定性的(deterministic)关系。

② Paul Holland, "Statistical and Causal Inference", *Journal of the American Statistical Association*, 1986, 81(396), pp.945-960.

概率论逻辑①。

在政治科学领域,主要是在形式理论(formal theory)和定性研究,尤其是在比较历史分析中,运用必要和充分条件来探讨因果关系十分常见。比如两个国家之间爆发战争的必要条件包括:至少有一个国家在实际发展水平与抱负之间存在差距、两国之间交往的历史使得一个国家把另一个国家作为实施军事行动的目标、决策的领导认为战争能带来一个可以接受的结果或正效用②。民主和平(democracy peace)理论可以视为探讨和平发生的充分条件。对社会运动、民主、经济发展等前提的探讨也就是对这些重要的政治和经济现象发生的必要或充分条件的探索。加里·戈尔兹(Gary Goertz)一共统计了 150 例在政治学、社会学和经济史领域以必要条件形式提出的因果假设③。在戈尔兹看来,针对所有重要的社会和政治现象都能以必要条件的形式提出研究假设,这被他自称为戈尔兹第一定律。与其重要性不相匹配的是,政治学并没有在方法论上足够重视这种逻辑。定性比较分析(qualitative comparative analysis,QCA)是近几十年发展起来的一套系统识别和检验充分或必要条件的方法,它主要关注寻找因果解释,即"结果的原因(cause of effects)"④。然而即便在美国的研究生方

---

① Gary Goertz, and Harvey Starr, eds., *Necessary Conditions: Theory, Methodology, and Applications*, Rowman & Littlefield Publishers, 2003, p.11.
② Paul Anderson, and Timothy McKeown, "Changing Aspirations, Limited Attention, and War", *World Politics*, 1987, 40, pp.1-29. 最后一个观点也出现在如下著作中,Bruce Bueno de Mesquita, *The War Trap*, Yale University Press, 1983。
③ Gary Goertz, "The Substantive Importance of Necessary Condition Hypotheses", in Gary Goertz, and Harvey Starr, eds., *Necessary Conditions: Theory, Methodology, and Applications*, Rowman & Littlefield Publishers, 2003, pp.76-94.
④ QCA方面主要的著作包括但不限于:Charles Raign, *The Comparative Method: Moving beyond Qualitative and Quantitative Strategies*, University of California, 2014; Charles Raign, *Fuzzy-Set Social Science*, University of Chicago Press, 2000; Charles Raign, *Redesigning Social Inquiry: Fuzzy Sets and Beyond*, University of Chicago Press, 2008; Benoît Rihoux, and Charles Raign, eds.,(转下页)

法论培训中,也鲜少在课堂中讨论相关内容,更别提设置独立的课程。

二、反事实逻辑

因果关系在一定程度上都暗含着一种反事实逻辑（counterfactual approach）①。美国哲学家大卫·路易斯（David Lewis）详细分析了因果关系是如何与反事实逻辑紧密相连的②。这种反事实逻辑也尤其适合检验以必要条件形式提出的因果假设。如果研究者假设 X 是 Y 发生的原因（必要条件）,其暗含的反事实逻辑是如果 X 没有发生的话,那么 Y 也不会发生。马克斯·韦伯在评论德国历史学家爱德华·迈尔（Eduard Meyer）《历史的理论及方法》(*Theory and Methodology of History*)一书时提到,虽然历史无法重来,我们无法得知如果俾斯麦不发动 1866 年普奥战争历史将会被如何改变,"但是这个问题本身并不是毫无意义的,因为对它的回答触及了对事实进行历史建构的一些关键要素:如果俾斯麦的个人决定的确是原因,这个原因的影响到底有多大以及在历史记述中这项个人因素应该占据什么样的地位"③。在政治学中运用反事实逻辑开展的研究大多为案

（接上页）*Configurational Comparative Methods: Qualitative Comparative Analysis (QCA) and Related Techniques*, Sage, 2009。关于必要条件的研究还有 Bear Braumoeller, and Gary Goertz, "The Methodology of Necessary Conditions", *American Journal of Political Science*, 2000, 44(4), pp.844-858。

① 比如,戈尔兹和马奥尼认为休谟对原因存在两种定义,除了常规关联之外,就是反事实逻辑。具体参考 Gary Goertz, and James Mahoney, *A Tale of Two Cultures: Qualitative and Quantitative Research in the Social Sciences*, Princeton University Press, 2012, pp.75-86。

② 具体参见 David Lewis, "Causation", *Journal of Philosophy*, 1973, 70, pp.556-567; David Lewis, *Counterfactuals*, Harvard University Press, 1973。

③ Max Weber, *Selections in Translation*, ed. by W.G. Runciman, Trans. by Eric Matthews, Cambridge University Press, 1906(1978), p.111.

例分析①。与休谟或新休谟传统相比,反事实方法不要求总是观察到因与果的关联,只要能找到一个除了假设原因之外其余因素都相似的世界,如果在这个世界里被解释现象的结果不同,那么就可以认为假设的原因成立。虽然反事实方法的倡导者并没有明确指出最相似世界的评判标准,但是其倡导的比较是有可能的,并且对辨识单个因素对结果的影响也有效。

在具体运用反事实逻辑方面,学者建议应该将头脑中的反事实想象实验(counterfactual though experiment)非常明确和详细地展现出来,以便读者结合普遍原则等抽象知识和具体历史事实来评估因果假设的合理性。在评价反事实研究时,杰克·利维(Jack Levy)提出了三个标准:清楚性、前提的合理性以及反事实结果有条件的合理性②,理查德·勒博(Richard Lebow)在对弗格森关于反事实论述著作的书评中提出了更多的评价标准③。

在"清楚性"方面,反事实的论述需要清楚地指出如果某个因素改变了,历史的哪些具体方面将发生变化,而不是留给读者去想

---

① 主要包括但不限于: Manali Desai, "The Relative Autonomy of Party Practices: A Counterfactual Analysis of Left Party Ascendancy in Kerala, India, 1934-1940", *American Journal of Sociology*, 2002, 108(3), pp. 616-657; Niall Ferguson, *The Pity of War: Explaining World War I*, Basic Books, 1999; Philip E. Tetlock, and Aaron Belkin, eds., *Counterfactual Thought Experiments in World Politics*, Princeton University Press, 1996; Richard Ned Lebow, "Contingency, Catalysts, and Nonlinear Change: The Origins of World War I", in Gary Goertz, and Jack Levy, eds., *Explaining War and Peace: Case Studies and Necessary Condition Counterfactuals*, Routledge, 2007, pp.85-111. 经济学方面的反事实研究,比如 Robert William Fogel, *Railroads and American Economic Growth: Essays in Econometric History*, Johns Hopkins University Press, 1964。

② Jack Levy, "Counterfactuals and Case Studies", in Janet Box-Steffensmeier, Henry Brady, and David Collier, eds., *The Oxford Handbook of Political Methodology*, Oxford University Press, 2008, pp.633-640.

③ Richard Lebow, "What's So Different about a Counterfactual?", *World Politics*, 2000, 52(4), pp.550-585.

象。简单的一句"历史将会不同"由于无法被证伪,因此也没有太多用处。詹姆斯·弗尔伦(James Fearon)引用史蒂芬·范·埃弗拉(Stephen Van Evera)关于第一次世界大战爆发原因的论述,展现了什么样的反事实论述是明确清楚的[①]:

> 攻击崇拜(cult of the offensive)对第一次世界大战的影响可以通过想象如果1914年欧洲各国领导人意识到了防守的真正作用来完成。如果他们意识到了,所有的欧洲国家会更不愿意首先进行战争动员,并且每个国家都会在动员前更能容忍对手的准备,因此动员和反动员的交替螺旋上升会更缓慢,或者根本就不会有动员和反动员的交替反复出现和相互作用。如果军队动员起来了,他们会保卫自己的战壕而不是跨过国界。动员将更容易被限制在单一国界内,使得危机地方化。英国可以更加轻易地警告德国和制止住俄国。并且所有政治家能更容易地纠偏由于仓促或虚假信息导致的错误。因此,导致德国引爆1914年危机的逻辑将不成立,并且一系列导致战争从巴尔干地区向外传播的连锁反应也会变得不太可能。并且,极有可能地,奥匈帝国与塞尔维亚的冲突将不过是欧洲政治边缘一个小的很快被遗忘的骚乱。

反事实因果法的一个主要问题在于,其暗含的实验或比较逻辑,即只改变某个原因,其他都不改变,或是找到两个最接近的世界(closest possible worlds),在现实或逻辑上都较难实现。一个因素的改变往往意味着(或导致)其他因素的变化。在反事实论述时,这些因素之间并且与反事实论证的前提之间都需要保持逻辑

---

① James Fearon, "Counterfactual and Hypothesis Testing in Political Science", *World Politics*, 1991, 43(2), p.182.

的一致性,即共融性①。比如,"在古巴导弹危机中,如果当时是尼克松而不是肯尼迪任美国总统,结果将会不同,尼克松会采取空袭而非海上封锁",这样的一个反事实论述就违背了共融性。有学者指出,如果当时是尼克松任总统的话,与肯尼迪不同,他很有可能会在猪湾行动中直接动用美国军队,卡斯特罗政权将被推翻,苏联也不会在古巴部署攻击导弹,也就不会发生古巴导弹危机②。基于共融性的要求,一些学者赞同马克斯·韦伯的观点,认为最好的反事实世界是对现实世界做出最少改动的情况,即"对历史进行最小改写"法则。杰克·利维举出的一个符合这一法则的反事实论述例子是,如果乔治·布什没有赢得 2000 年的美国总统大选,那么美国不会发动伊拉克战争③。

在保证"清楚性"以及"前提的合理性"的同时,好的反事实论述还应该与具体的历史事实和既有的理论保持一致④。

三、实验逻辑

与反事实逻辑想象一个最相似世界类似,实验逻辑(manipulation approach)也强调控制住其他变量来隔离出某个单一变量对结果的影响。但是,与反事实逻辑不同,实验强调对关键

---

① 古德曼(Goodman)将其称为共融性(cotenability),具体参见 Nelson Goodman, *Fact, Fiction, and Forecast*, Harvard University Press, 1983, p.15。

② Richard Ned Lebow, and Janice Gross Stein, "Back to the Past: Counterfactuals and the Cuban Missile Crisis", in Philip E. Tetlock, and Aaron Belkin, eds., *Counterfactual Thought Experiments in World Politics*, Princeton University Press, 1996, pp.119-148.

③ Jack Levy, "Counterfactuals and Case Studies", in Janet Box-Steffensmeier, Henry Brady, and David Collier, eds., *The Oxford Handbook of Political Methodology*, Oxford University Press, 2008, p.636.

④ 还有学者提出另外两个评判反事实论述的标准:与已有统计归纳的一致性以及可推测性(projectability),具体参见 Philip E. Tetlock, and Aaron Belkin, eds., *Counterfactual Thought Experiments in World Politics*, Princeton University Press, 1996, pp.19-31。

解释变量的实际干涉和人为操纵。在反事实逻辑中,两个比较世界的区别在于主要解释因素的存在与缺失,观察到被解释现象的不同只能建立起解释因素与被解释现象的相关性,无法建立起因果关系和排除虚假关系(spurious correlation)[①]。而在实验逻辑下,人为操纵和干预关键解释变量可以有效地辨识原因,建立因果关系的方向和排除虚假关系。

艾伦·李帕特(Arend Lijphart)曾称:"实验的方法是几乎最理想的进行科学解释的方法,但不幸地,由于实践和伦理上的阻碍,它很少能被运用于政治科学。"[②]实验方法在政治学中的运用从20世纪20年代萌芽,经历了70年代的急剧上升和1975年后的短暂低潮。从20世纪90年代起,实验方法开始得到迅速发展[③]。受到可行性因素的制约,实验研究的议题主要集中在政治信息传播、政治态度、政治行为、选举政治、议会政治、政府回应性、发展与治理等方面[④]。实验研究依据对干预的控制程度由高到低

[①] 虚假关系指观察到的两个因素的关联是基于某个潜在的第三个变量引起的两个因素有所联系的假象,即两个因素都是第三个变量的结果,且两个因素之间并不存在因果关系。

[②] Arend Lijphart, "Comparative Politics and the Comparative Method", *American Political Science Review*, 1971, 65, pp.682-693.

[③] 臧雷振:《政治学研究中的实验方法——近年来的应用进展及研究议题分布》,《国外理论动态》2016年第5期;Rose McDermott, "Experimental Methods in Political Science", *Annual Review of Political Science*, 2002, 5, pp.31-61。

[④] 对政治学实验研究议题的分析和总结,参见臧雷振:《政治学研究中的实验方法——近年来的应用进展及研究议题分布》,《国外理论动态》2016年第5期;陈少威、王文芹、施养正:《公共管理研究中的实验设计——自然实验与田野实验》,《国外理论动态》2016年第5期;李强:《实验社会科学:以实验政治学的应用为例》,《清华大学学报(哲学社会科学版)》2016年第4期;David Bositis, and Douglas Steinel, "A Synoptic History and Typology of Experimental Research in Political Science", *Political Behavior*, 1987, 9(3), pp.263-284; James Druckman, Donald Green, James Kuklinski, and Arthur Lupia, "The Growth and Development of Experimental Research in Political Science", *American Political Science Review*, 2006, 100, pp.627-635; Macartan Humphreys, and Jeremy Weinstein, "Field Experiments and the Political Economy of Development", *Annual Review of Political Science*, 2009, 12, pp.367-378。

可划分为四种类型：实验室实验、调查实验、田野实验和自然实验（natural experiment）。社会科学主要通过随机分配划分对照组与实验组来保证实验研究的关键前提，即干预前的等同性（pre-treatment equivalence）。因此，对实验研究最致命的批评就是没有真正做到随机分配，比如霍华德·戈斯内尔（Harold Gosnell）在芝加哥进行的有关选举投票的最早的田野实验研究。

在因果关系的建立上，对干预的人为控制程度越低，对因果关系的推断及因果效应大小的估计系统性偏差越大。对自然实验这类利用自然发生的——完全随机的干扰（比如地震、暴雨等自然灾害），或是其他类随机分配［(as-if random assignment)，比如非洲国家的边界］开展的研究，对干预的人为控制极低。有些学者认为自然实验实质上是一种观察型研究，没有人为对干预进行控制，因此没有办法排除一些无法观察到的因素对实验结果的影响，有时也会导致无法辨识原因[1]。比如，在两个非洲国家观察到种族关系的差异，虽然非洲的国家边界是一个类随机的干预，但是边界本身并不是解释种族关系差异的原因。"要找到背后的具体原因，研究人员需要将关注焦点从方法转移到理论上来。"[2]

在确定因果关系上实验方法另一个无法克服的问题是先占效应（pre-emption），即一个原因在实验前就制约了实验中被操纵原因的影响，使得实验无法显示该原因的实际效应。最典型的例子就是砒霜对治疗性病效用的实验。在不知道砒霜有毒的情况下，较早的对照组与实验组的实验，得到的结果都是病人死亡，因此很容易得出砒霜对性病没有治疗效用的结论，虽然两组病人的死因

---

[1] Thad Dunning, "Improving Causal Inference: Strengths and Limitations of Natural Experiments", *Political Research Quarterly*, 2008, 61(2), pp.282-293.

[2] Daniel Posner, "African Borders as Sources of Natural Experiments: Promise and Pitfalls", *Political Science Research and Methods*, 2015, 3(2), pp.409-418. 全面的对自然实验方法的分析研究参见 Thad Dunning, *Natural Experiments in the Social Sciences*, Cambridge University Press, 2012。

不同——对照组病人死于性病,实验组病人死于砒霜中毒。砒霜对性病的效用被砒霜的毒性所掩盖,无法通过简单的对照实验得到表达。在一个选民呈两极分布的社会,选举规则对政党数量的影响受到限制,人为改变选举规则无法准确显示出其对政党数量的影响;在一个经济发达的国家,技能培训对受训者找到工作的影响也有限,因为在这些国家,就业有许多其他保障机制。

四、因果机制法

先占效应反映出在寻找因果关系的过程中一个普遍的配对问题,即因与果到底是否能准确匹配。无论是常规关联、反事实逻辑,还是实验方法都无法有效解决这个问题,因此催生了对因果机制(causal mechanism)的重视。

虽然学界对因果机制的定义不同,但学者大多同意因果机制法与休谟传统之间存在根本的区别。与休谟传统强调因与果的常规关联不同,因果机制的角度关注原因导致结果的过程,尤其是作用力如何通过不同主体行为的互动传递出来,从而产生结果。因果机制强调因与果是如何连接起来的,即因果链条。在因果机制的视角下,原因(X)与结果(Y)之间并不总是也不需要存在常规关联或共变化(co-vary),只要 X 的确能通过某个机制产生 Y,X 就是 Y 发生的原因。

在政治科学领域,过程追踪(process-tracing)、比较历史分析(comparative historic analysis)和分析性叙述(analytic narratives)关注的核心就是因果机制。然而,在机制的定义、可观察性、普遍性、必然性以及是否只存在于微观层面五个方面仍存在争论[①]。

---

① Derek Beach, and Rasmus Brun Pedersen, *Process-Tracing Methods: Foundations and Guidelines*, The University of Michigan Press, 2013, pp.23-44; John Gerring, "Causal Mechanisms: Yes, But …", *Comparative Political Studies*,(转下页)

表1-2列出了对机制的常见定义。詹姆斯·马奥尼(James Mahoney)曾总结出24种对机制的定义[①]。约翰·吉尔林(John Gerring)指出学界对机制的定义极其含糊,他认为将机制定义为某种效应产生的过程或路径可能引起最少异议[②]。但这似乎并没有解决争论,对于具体什么是过程或路径,学者仍有不同侧重。将机制简单看成一系列事件或中介变量,无法充分解释原因是"如何"导致结果的,因为事件的堆砌并不一定能解释因果力(causal forces)怎样以及为什么会传递到结果,而即便识别出了相关的中介变量,仍然没有回答中介变量是如何与结果连接在一起的。因此,部分学者认为最令人满意的定义是卡尔·克莱威尔(Carl Craver)与他的合作者提出的将机制视为"引起某种经常性变化的实体及其活动"。德里克·比奇(Derek Beach)与拉斯马斯·佩德森(Rasmus Pedersen)在书中以民主和平理论为例比较了"实体—活动"定义相较于"中介变量"定义的优势。与止步于辨识出"问责性"与"团体压力"这两个中介变量不同,"实体—活动"定义下的因果机制进一步解开了因果关系中的黑箱:反战团体向政府抗议卷入战争,民主国家的政府出于选票考虑采取安抚的外交政策予以回应,这导致了民主国家间的和平[③]。实体及其行为和活动有效地解释了因果力的传递。

(接上页) 2010, 43(2), pp.1499-1526; James Mahoney, "Beyond Correlational Analysis: Recent Innovations in Theory and Method", *Sociological Forum*, 2001, 16(3), pp.575-593.国内学者在因果机制方面的讨论可参考:曲博,《因果机制与过程追踪法》,《世界经济与政治》2010年第4期;刘骥、张玲、陈子恪:《社会科学为什么要找因果机制——一种打开黑箱、强调能动的方法论尝试》,《公共行政评论》2011年第4期。

① James Mahoney, "Beyond Correlational Analysis: Recent Innovations in Theory and Method", *Sociological Forum*, 2001, 16(3), pp.575-593.

② John Gerring, "The Mechanismic Worldview: Thinking Inside the Box", *British Journal of Political Science*, 2008, 38(1), pp.161-179.

③ Derek Beach, and Rasmus Brun Pedersen, *Process-Tracing Methods: Foundations and Guidelines*, The University of Michigan Press, 2013, pp.38-39.

表 1-2 不同学者对"机制"的定义

序号	学 者	定 义
1	邦奇（Bunge, 1997; 2004）[1]	在一个具体的系统中引起或是防止某种变化的过程。
2	克莱威尔（Craver, 2001），麦查莫、达登和克莱威尔（Machamer, Darden, and Craver, 2000）[2]	引起某种经常性变化的实体及其活动。
3	埃尔斯特（Elster, 1983;1989）[3]	机制通过揭开"黑箱"并且展示"机器内部的齿轮"来提供解释；机制提供了连续的和相邻的因果链条或者是因果之间的连接。
4	埃尔斯特（Elster, 1999）[4]	机制是经常发生和容易被识别的因果模式；这种因果模式通常在未知的条件下被触发或者产生中间媒介的影响。
5	德斯托姆和斯韦德贝里（Hedström, and Swedberg, 1996）[5]	明确的、抽象的、基于行动的关于一个事件是如何经常性地导致一类结果的解释。
6	利特(Little, 1991)[6]	一系列受类定律(law-like)因果规律支配的事件。
7	斯廷奇库姆(Stinchcombe, 1991)[7]	能产出某个更高层理论构成要素的知识的科学推理。
8	瓦尔德纳（Waldner, 2010）[8]	一个由于具有某种不变的特性而有能力改变其环境的实体。在特定背景下，这个实体传递出力量、信息或是含义。
9	金、基欧汉和维巴（King, Keohane, and Verba, 1994）；乔治和本尼特（George, and Bennett, 2005）；韦勒和巴纳斯（Weller, and Barnes, 2014）[9]	X 影响 Y 的中介变量（intervention variables）。

续表

序号	学者	定义
10	本尼特和契克尔（Bennett, and Checkel, 2015）[10]	无法观察到的物理的、社会的或是心理的过程。在特定背景或条件下，主体通过这个过程传递出力量、信息或物质给其他主体，从而引起其他主体的变化。
11	麦克亚当、塔罗和蒂利（McAdam, Tarrow, and Tilly, 2009）[11]	能在较大范围内对客观环境产生即时（immediate）影响的事件。
12	希尔和卡岑施泰因（Sil, and Katzenstein, 2010）[12]	通过可能无法观察或重复出现的过程产生即时影响的实体，这些实体包括个人的行为或选择、社会关系网络、某种环境的或制度的特征属性、个人的认知倾向或者某个群体共享的观念和世界观。

注：1. Bunge Mario, "Mechanism and Explanation", *Philosophy of the Social Sciences*, 1997, 27, pp.410-465; Bunge Mario, "How Does it Work? The Search for Explanatory Mechanisms", *Philosophy of the Social Sciences*, 2004, 34, pp.182-210.

2. Craver Carl, "Role Functions, Mechanisms, and Hierarchy", *Philosophy of the Social Science*, 2001, 68, pp.53-74; Machamer Peter, Darden Lindley, and Craver Carl, "Thinking About Mechanism", *Philosophy of the Social Science*, 2000, 67, pp.1-25.

3. Elster Jon, *Explaining Technical Change: A Case Study in the Philosophy of Science*, Cambridge University Press, 1983; Elster Jon, *Nuts and Bolts for the Social Sciences*, Cambridge University Press, 1989.

4. Elster Jon, *Alchemies of the Mind: Rationality and the Emotions*, Cambridge University Press, 1999.

5. Hedström Peter, and Swedberg Richard, "Social Mechanisms", *Acta Sociologica*, 1996, 39, pp.281-308.

6. Little Daniel, *Varieties of Social Explanation: An Introduction to the Philosophy of Social Science*, Westview, 1991.

7. Stinchcombe Arthur, "The Conditions of Fruitfulness of Theorizing About Mechanisms in Social Science", *Philosophy of the Social Sciences*, 1991, 21, pp.367-388.

8. David Waldner, "What are Mechanisms and What are They Good For?", *QMMR Newsletter*, 2010, 8(2): 30-34.

9. Gary King, Robert Keohane, and Sidney Verba, *Designing Social Inquiry: Scientific Inference in Qualitative Research*, Princeton University Press, 1994;

Alexander George, and Andrew Bennett, *Case Studies and Theory Development in the Social Sciences*, MIT Press, 2005; Nicholas Weller, and Barnes Jeb, "Pathway Analysis and the Search for Causal Mechanisms", *Sociological Methods and Research*, 2014, 45, pp.424-457.

  10. Andrew Bennett, and Jeffrey Checkel, *Process Tracing: From Metaphor to Analytic Tool*, Cambridge University Press, 2015, p.12.

  11. Douglas McAdam, Sidney Tarrow, and Charles Tilly, "Comparative Politics: Comparative Perspectives on Contentious Politics", in Mark Lichbach, and Alan Zuckerman, eds., *Comparative Politics: Rationality, Culture and Structure*, Cambridge University Press, 2009.

  12. Rudra Sil, and Peter Katzenstein, "Analytic Eclecticism in the Study of World Politics: Reconfiguring Problems and Mechanisms across Research Traditions", *Perspectives on Politics*, 2010, 8(2), pp.411-431.

  资料来源：笔者根据文献总结自制本表。

"实体—活动"定义自然衍生出因果机制是否只存在于微观层面的争论。部分学者认为因果机制都是微观的，没有纯粹的宏观机制(macro-level mechanism)①。这与因果解释必须有微观基础(micro-level foundation)的观点相一致。但是即便主张因果解释的微观基础也并不意味着否定宏观结构因素的解释力，而只是强调在进行宏观结构性解释时，需要佐以两类知识和信息：关于这个结构因素如何影响个人微观层面以及若干个人行为如何聚合(aggregate)导致宏观结构层面结果的②。因此，在因果机制的争论上，实用的中间观点更可取。因果机制不仅存在于微观层面，也可以存在于宏观层面，同时还存在于微观与宏观层面之间的连接机制③。依据解释侧重的不同方面，因果机制可分为结构性机制、制度机制、观念机制以及心理机制，而在机制运行长度以及机制的

---

① 持这种观点的学者包括 Alexander George, and Andrew Bennett, *Case Studies and Theory Development in the Social Sciences*, MIT Press, 2005, p.137; Peter Hedstrom, and Richard Swedberg, eds., *Social Mechanisms: An Analytical Approach to Social Theory*, Cambridge University Press, 1998, pp.22-25。

② Daniel Little, "Causal Explanation in the Social Sciences", *Southern Journal of Philosophy*, 1996, 34(S1), pp.31-56.

③ Peter Hedström, and Richard Swedberg, eds., *Social Mechanisms: An Analytical Approach to Social Theory*, Cambridge University Press, 1998, p.22.

影响方面也存在长短差异①。

因果机制的优势在于提供解释,即因与果之间是如何连接起来的。用约翰·吉尔林的话来说,这个优势带来了社会科学研究对因果机制的痴迷。学者日益重视在研究中提出和检验因果机制,并强调因果机制研究与定量方法和形式理论的结合使用②。但与其他方法相同,因果机制研究同样面临挑战。约翰·吉尔林认为,某个原因与结果之间经常存在多个机制,并且这些机制之间可能存在复杂的相互作用,因此较难区分不同机制;机制研究中更经常包含一些难以被操作化的、模糊和抽象的概念。在他看来,探索和检验因果机制在社会科学研究中是重要的和值得称赞的,但并不是必不可少的③。

究竟如何认识和识别因果关系(causality)? 以上四种传统从不同的角度进行了回答。对因果关系的考察有的侧重寻找结果的原因,有的偏重甄别和测量原因的影响(effects of causes)。在追求后者的定量分析中,对因果关系的理解综合了休谟传统中的"共变"和"相关"以及反事实逻辑和实验方法中的"控制住其他因素(ceteris paribus)"。有政治学家尝试调和这些不同的视角,建立一个统一的理解框架。比如,詹姆斯·马奥尼认为,在定量分析中对被解释变量有显著效应的自变量其实就是新休谟传统下的 INUS 原因④。约

---

① Derek Beach, and Rasmus Brun Pedersen, *Process-Tracing Methods: Foundations and Guidelines*, The University of Michigan Press, 2013, pp.52-56.

② Peter Hedström, "Studing Mechanisms to Strengthen Causal Inferences in Qualitative Research", in Janet Box-Steffensmeier, Henry Brady, and David Collier, eds., *The Oxford Handbook of Political Methodology*, Oxford University Press, 2008, pp.319-338; Robert Bates, Avner Greif, Margaret Levi, Jean-Laurent Rosenthal, and Barry Weingast, *Analytic Narratives*, Princeton University Press, 1998.

③ John Gerring, "Causal Mechanisms: Yes, But …", *Comparative Political Studies*, 2010, 43(2), pp.1499-1526.

④ James Mahoney, "Toward a Unified Theory of Causality", *Comparative Political Studies*, 2008, 41(4/5), pp.412-436.

翰·吉尔林则提出原因能够提高某个事件(果)发生的概率,这样的定义为重构因果关系提供了一个"普遍的语义土壤",但同时他也强调因果关系是多元的[①]。上述对四种传统的考察更多是对因果关系认识论的分析,关于"因"和"因果关系"的本质究竟是什么的本体论讨论是更深层次的问题。社会现象中原因的本质究竟是什么?是"事件",某种或某些"特质""事实""结构",还是其他,因果关系的本质究竟是概率性的还是决定论的,学者在这方面的分歧将会一直存在[②]。

每种理解因果关系的传统都有其优点和问题,虽然不同的传统往往导致迥异的分析结论,比如对车祸原因的分析,常规关联传统强调醉驾是车祸的原因,而实验操纵逻辑更多关注行车路线选择对车祸的影响,但两者都为我们理解车祸原因贡献了新的知识。在对不同传统的弊端保持自觉的前提下,越来越多的学者呼吁混合使用不同的方法,比如在因果解释上具有优势的因果机制法与在建立因果关系方向上具有优势的实验逻辑的融合。

第三节　超越定性与定量之争

社会科学领域一直存在的关切是希望能建立一些共同的方法论的标准,而在追寻这些标准的过程当中一个反复出现的问题就是关于定性方法与定量方法异同以及优劣的争论。自1994年加

[①] John Gerring, "Causation: A Unified Framework for the Social Sciences", *Journal of Theoretical Politics*, 2005, 17(2), pp.163-198.

[②] 可参考 Rom Harré, and Edward H. Madden, *Causal Powers: A Theory of Natural Necessity*, Blackwell, 1975; Jonathan Bennett, *Events and Their Names*, Hackett, 1988; Andrew Abbott, "From Causes to Events: Notes on Narrative Positivism", *Sociological Methods and Research*, 1992, 20, pp.428-455; Derek Layder, *The Realist Image in Social Science*, Macmillan, 1990, p.67; D. H. Mellors, *The Facts of Causation*, Routledge, 1995; Douglas Ehring, *Causation and Persistence: A Theory of Causation*, Oxford University Press, 1997。

里·金(Gary King)、罗伯特·基欧汉(Robert Keohane)和西德尼·维巴(Sidney Verba)[下文三者简称为"KKV"]出版《社会科学中的研究设计》(*Designing Social Inquiry*,下文简称"DSI")这本书后①,政治学家们展开了一场关于定性方法与定量方法的大争论。这场争论在较大范围内推进了学者及学生对方法论及研究设计的自觉和理解。

在展开讨论之前,有必要明确什么是定性方法及其与定量研究方法的区别。诺曼·邓津(Norman Denzin)和伊冯娜·林肯在总结定性研究方法的特点时提出,"定性研究是一种将观察者置于现实世界之中的情景性活动,由一系列解析性的、使世界可感知的身体实践活动所构成……定性研究者是在事物的自然背景中来研究它们,并试图根据人们对现象所赋予的意义来理解或来解释现象……定性研究的中心点是多范式的,其中包括基础主义、实证主义、后基础主义、后实证主义、后结构主义等理论传统,以及许多与文化研究和解析性研究相联系的定性研究视角与方法"②。案例研究、参与式观察、比较历史分析、解析主义、建构主义的分析等都被归于定性研究的范畴中。许多学者都总结了定性研究与定量研究的区别,主要包括:定量研究强调变量间因果关系的测量和分析,而不是过程,而定性一词意味着对实体的性质和过程的强调;定性研究往往通过详细的访问和观察,希望更加接近并解读行动者的视野,而定量研究者认为由解析式的方法产生的经验材料是不可靠和不客观的;定量研究从社会现象中进行抽象,需求一种建立在由大量随机选择的个案所导出的概率基础之上的客位的(etic)、发现普遍规律的科学,而定性研究致力于一种主位的

---

① Gary King, Robert Keohane, and Sidney Verba, *Designing Social Inquiry: Scientific Inference in Qualitative Research*, Princeton University Press, 1994.
② [美]诺曼·邓津、[美]伊冯娜·林肯:《导论:定性研究的学科与实践》,载[美]诺曼·邓津、[美]伊冯娜·林肯主编:《定性研究:方法论基础》,风笑天等译,重庆大学出版社2007年版,第40—90页。

(emic)、具体的、基于个案的立场,关注特定个案的特殊性;定性研究者认为对社会现象的丰富描述是有价值的,而定量研究者由于追求普遍性的规律而很少关注细节,并有意地不关注关于细节的丰富和深入描述,因为这些细节会打断概括的过程;定性研究更加关注定类范畴(nominal categories)、较少的案例以及较少使用统计检验,而定量研究更经常使用定序、定距和定比范畴、大样本以及统计检验[1]。

艾伦·李帕特关于比较研究方法的经典之作为今后定性方法与定量方法的争论定下了基调,他指出:"由于比较的方法是一个更弱的方法,因此当研究中能够收集足够多的案例时,转而使用定量的统计方法往往是可取的。"[2]部分学者开始对比较案例方法提出了重要的修正建议,而另一部分学者则认为,在因果推断方面,定量方法优于定性方法[3]。KKV 的 DSI 以及回应 DSI 的《社会研究再思考:不同的方法,共享的准则》(*Rethinking Social Inquiry: Diverse Tools, Shared Standard*,RSI)将这场争论推向高潮。

---

[1] 关于定量研究与定性研究的区别,参见[美]诺曼·邓津、[美]伊冯娜·林肯:《导论:定性研究的学科与实践》,载[美]诺曼·邓津、[美]伊冯娜·林肯主编:《定性研究:方法论基础》,风笑天等译,重庆大学出版社 2007 年版,第 40—90 页;Howard Becker, "The Epistemology of Qualitative Research", in Richard Jessor, Anne Colby, and Richard Shweder, eds., *Ethnography and Human Development: Context and Meaning in Social Inquiry*, University of Chicago Press, 1996, pp.53-71; Uwe Flick, *An Introduction to Qualitative Research*, Sage, 1998; David Collier, Henry Brady, and Jason Seawright, "Sources of Leverage in Causal Inference: Toward an Alternative View of Methodology", in Henry Brady, and David Collier, eds., *Rethinking Social Inquiry*, 2nd edition, Rowman & Littlefield, 2010, pp.161-199。

[2] Arend Lijphart, "The Comparable-Case Strategy in Comparative Research", *Comparative Political Studies*, 1975, 8, p.165.

[3] 除了 KKV 之外,其他持定量方法优于定性方法观点的学者及研究包括:John Goldthorpe, "Current Issues in Comparative Macrosociology: A Debate of Methodological Issues", *Comparative Social Research*, 1997, 16, pp.1-26; Barbara Geddes, "How the Cases You Choose Affect the Answers You Get", *Political Analysis*, 1990, 2, pp.131-149。

对 KKV 的批评主要包括以下几个方面[①]。

在理解什么是"解释"方面,KKV 将其等同于进行因果推断。推断(inference),即从已知推测未知的这个过程,本质上就是追求普遍化(generalization)。这种将"普遍化"提升至研究中核心重要位置的做法引起了争议。比如,大卫·科利尔曾指出:"有时学者应该对进行普通化更加谨慎,外部效度可能会不恰当地提高我们的预期。更有效的方式应该是追求有限度的普遍化(contingent generalization),将某一类特定案例的发现投射到其他一些经过精心选择和考虑的案例上。"[②]在评论 KKV 背后的实证主义哲学或范式基础时,詹姆斯·约翰逊(James Johnson)认为,除了过度强调普遍化这一标准之外,KKV 还过度强调了"可观察性",包括每个有价值的理论都必须有可观察到的现象(observable implications),以及仅选择可观察的概念等[③]。在约翰逊看来,这使得 KKV 几乎完全忽视了(较难或无法观察到的)因果机制的作用。KKV 将可观察和普遍化提到最重要的位置,这在某种程度上不利于理论发展和解释,定性研究与定量研究之间的统一标准不在于开展合理的描述和因果推断,而是通过辨识导致某种现象的潜在的(往往是)无法观察的因果机制进行因果解释[④]。

---

① 类似的总结文章参见盛智明:《超越定量与定性研究法之争——KKV 对定性研究设计的启发》,《公共行政评论》2015 年第 4 期;James Mahoney, "After KKV: The New Methodology of Qualitative Research", *World Politics*, 2010, 62 (1), pp.120-147。

② David Collier, "Intoduction (Symposium: Case Selection, Case Studies, and Causal Inference)", *QMMR Newsletter*, 2008, 6(2), p.3.

③ Gary King, Robert Keohane, and Sidney Verba, *Designing Social Inquiry: Scientific Inference in Qualitative Research*, Princeton University Press, 1994, pp.28-29,109-110. KKV 认为,无法观察的概念在建立理论方面有作用,但是会阻碍理论和假设检验,具体参见 Ibid, pp.109-110.

④ James Johnson, "Consequences of Positivism: A Pragmatist Assessment", *Comparative Political Studies*, 39(2), pp.224-252. KKV 认为定性传统与定量传统之间的区别只是形式上的(stylistic),在实质和方法上没有重要的区别,参见 Gary(转下页)

在理解因果关系方面,KKV将其定义为一种平均因果效应,即当核心解释变量X取两个不同值时,被解释变量Y的系统部分的差值①。他们强调甄别和测量原因的影响,采用概率性的视角理解因果关系,忽略了其他理解因果关系的逻辑,比如以必要条件、充分条件以及INUS条件等形式提出的原因,以及因果机制下的逻辑等。虽然在因果关系与解释这两者的关系上,哲学家有不同的意见,但是他们基本上都赞同:解释主要致力于识别观察到的现象是怎样产生的并辨析产生该现象的因果机制②。因此,在因果关系这一根本问题上,许多社会科学家恐怕都不会赞同KKV的定义。在定性研究者看来,KKV对因果关系逻辑基础的单一化理解导致其完全忽视了在因果推断中一些定性方法和技巧的价值,并且在案例选择方面给出了不恰当的建议。部分学者通过总结以往一些经典研究来强调,以必要或充分条件形式提出的决定论性质的原因在政治学和社会学理论中一直也将继续发挥重要作用③。其中常举的例子就是蒂莫西·维克汉姆-克罗利(Timothy Wickham-Crowley)关于拉美革命的比较研究,他指出世袭制政体

(接上页) King, Robert Keohane, and Sidney Verba, *Designing Social Inquiry: Scientific Inference in Qualitative Research*, Princeton University Press, 1994, p.4。

① 原文如下:"We define causality in terms of a causal effect; the mean causal effect is the difference between the systematic component of a dependent variable when the causal variable takes on two different values."参见 Gary King, Robert Keohane, and Sidney Verba, *Designing Social Inquiry: Scientific Inference in Qualitative Research*, Princeton University Press, 1994, p.85。

② James Johnson, "Consequences of Positivism: A Pragmatist Assessment", *Comparative Political Studies*, 39(2), pp.234-235.

③ Douglas Dion, "Evidence and Inference in the Comparative Case Study", *Comparative Political Studies*, 30(2), pp.127-145; Jason Seawright, "Testing for Necessary and/or Sufficient Causation: Which Cases Are Relevant?", *Political Analysis*, 2002, 10(2), pp.178-193; Gary Goertz, "The Substantive Importance of Necessary Condition Hypotheses", in Gary Goertz, and Harvey Starr, eds., *Necessary Conditions: Theory, Methodology, and Applications*, Rowman & Littlefield Publishers, 2003, pp.76-94.

(patrimonial praetorian regime)的某些弱点是革命发生的必要条件①。并且 KKV 的批评者们并没有止步于强调因果关系的其他逻辑基础,还发展了具体的统计技术来帮助识别在什么情况下用决定论性质的因果关系更合理②。KKV 将过程追踪理解为"描述性的工具"、"增加理论的可观察现象数量的一种方法"及"不可能形成可靠的因果推断",相反地,KKV 的批评者认为过程追踪通过过程性观测值(causal-process observations,CPOs)对理论发展和理论检验都能产生独有的贡献,有时甚至能对因果推断提供确凿(smoking-gun)的证据,并且在展示因果关系的复杂性方面,包括多因一果以及原因之间多重交互效应方面,过程追踪的效用是定量方法无法媲美的。因此过程追踪中的因果机制是对定量研究基于相关性的因果推断必不可少的补充。本书将专辟章节讨论过程追踪和因果机制,在此不再赘述其在因果推断方面的价值。基于对与因果关系和因果推断逻辑基础方面理解的差异,在案例选择方面,比如在被解释变量上无差异的设计到底是否可接受以及单案例研究是否有价值等问题上,KKV 与 RSI 的作者之间也存在较大分歧③。

KKV 另一个重要的疏漏就是几乎没有展开讨论概念和概念化④,同时建议只选择易观察的概念,并且不鼓励发展类型和开展类型研究⑤。对这些定性研究关注问题和方法的忽视都进一步

---

① Timothy P. Wickham-Crowley, *Guerrillas and Revolution in Latin America: A Comparative Study of Insurgents and Regimes Since 1956*, Princeton University Press, 1992.
② Bear Braumoeller, and Gary Goertz, "The Methodology of Necessary Conditions", *American Journal of Political Science*, 2000, 44(4), pp.844-858.
③ 该内容将在本书第三章展开讨论。
④ David Laitin, "Discipline Political Science", *American Political Science Review*, 1995, 89(2), pp.454-456.
⑤ Gary King, Robert Keohane, and Sidney Verba, *Designing Social Inquiry: Scientific Inference in Qualitative Research*, Princeton University Press, 1994, p.48.

展现出 KKV 是用"主流定量方法"的标准来评价定性方法的价值,对定性研究方法的独特效用认识不足。RSI 的作者认为应该建立一种权衡观,不同方法各有利弊,开展研究设计时需要对不同方法、不同类型观察值,以及研究目的的所得和所失保持自觉。

这场争论衍生出了对定性方法与定量方法之间的共同标准以及两者之间是否能够相互补充有机结合的讨论。部分学者认为两者之间不能有机结合,CPOs 对因果推断没有任何帮助①。更多的学者认为 CPOs 可以与数据集观察(data set observations, DSOs)有机结合。质性的信息和数据能帮助定量分析中的模型建构,包括自变量的选择和揭示时间非连续性导致因果异质(causal heterogeneity)等,以及实验研究的具体设计②。而大样本的统计分析结果也能为定性研究中的案例定位及选择提供有价值的信息③。对 KKV 的讨论推动了在研究中应将定量和定性研究方法和工具混合使用以及互证(triangulation)这一共识的形成,并在评价研究的标准上开始逐步采用一些共享的准则④。定性方法在挖

---

① Nathaniel Beck, "Is Causal-Process Observation an Oxymoron?", *Political Analysis*, 2006, 14, pp.347-352; Nathaniel Beck, "Causal Process 'Observation': Oxymoron or (fine) Old Wine?", *Political Analysis*, 2010, 18, 4, pp.499-505.

② 具体总结可参考 David Collier, Henry Brady, and Jason Seawright, "Outdated Views of Qualitative Methods: Time to Move On", *Political Analysis*, 2010, 18, pp.506-513。

③ 参见约翰·吉尔林对案例类型的分类,John Gerring, *Case Study Research: Principles and Practices*, Cambridge University Press, 2007, pp.89-90。具体将大样本分析数据运用于案例选择和分析中的研究实例可参见 Philip Roessler, *Ethnic Politics and State Power in Africa: The Logic of the Coup-Civil War Trap*, Cambridge University Press, 2016。

④ 相关的总结和思考可参见盛智明:《超越定量与定性研究法之争——KKV 对定性研究设计的启发》,《公共行政评论》2015 年第 4 期。提倡使用混合方法的代表性文章包括:James Mahoney, and Gary Goertz, "A Tale of Two Cultures: Contrasting Quantitative and Qualitative Research", *Political Analysis*, 2006,14(3), pp.227-249; Michael Coppedge, "Thickening Thin Concepts and Theories: Combining Large N and Small in Comparatie Politics", *Comparative Politics*, 1999, 31(4), pp.465-476.

掘复杂的因果关系、形成厚的概念(thick concept)和理论等方面的独特优势,以及定量方法在外推性和普遍化方面的优势,使得在研究当中往往需要将两者结合起来。虽然在具体怎么综合的策略上学界仍存在争论[①],但是只重视或运用其中任何一种方法都被认为是不适宜的。

这场争论也进一步凸显了不同方法的优势和缺点。在具体研究中,主要应选择哪些方法,取决于研究目的和具体的研究问题。对这场争论中具体主张的讨论和学习,有助于每位研究人员在不同研究阶段改进自己的研究设计与方法。在较大范围内,政治科学家已经超越了定性与定量之争,而是秉持着实用的态度权衡不同方法的利弊,综合运用多种方法开展实证研究,推动理论发展。

第四节　比较政治学:一个以方法界定的领域

比较是常见的科学研究方法。学者认为最早的比较研究可以追溯到亚里士多德的《政治学》和《雅典政制》[②]。这两部著作被认为是建立在对古希腊158个城邦的宪法进行比较分析的基

[①] 比如是先用小样本案例分析还是先用大样本统计分析的争论,可参考下面两位学者的文章:Evan Lieberman, "Nested Analysis as a Mixed-Method Strategy for Comparative Research", *The American Political Science Review*, 2005, 99(3), pp.435-453; Ingo Rohlfing, "What You See and What You Get: Pitfalls and Principles of Nested Analysis in Comparative Research", *Comparative Political Studies*, 2008, 41(11), pp.1492-1514。

[②] 参见[美]乔治·萨拜因:《政治学说史》,邓正来译,上海人民出版社2015年版;[美]特伦斯·欧文:《古典思想》,覃方明译,辽宁教育出版社1998年版。

础之上。密尔在《逻辑体系》关于确定因果关系的五条规则[①]中就提出了比较的两种基本逻辑：求同法或契合法（method of agreement），即若在所研究的现象出现的若干场合中，只有一个情况是共同的，那么这个共同的情况与所研究的现象之间存在因果联系；求异法（method of difference），在研究的现象出现的场合与它不出现的场合之间，只有一个因素不同，那么这个因素就与所研究现象之间有因果联系。后来亚当·普沃斯基（Adam Przeworski）和亨利·图纳（Henry Teune）在这两种逻辑的基础上分别提出了"最大差异性系统设计（most-different-similar-outcome system design）"以及"最相似性系统设计（most-similar-different-outcome system design）"这两种比较策略[②]。除了从比较对象的选择上来考察比较的逻辑，也有学者从比较"目的"的角度将比较的逻辑分为以加布里埃尔·阿尔蒙德（Gabriel Almond）和劳伦斯·迈耶（Lawrence Mayer）为代表的"归纳论"、以艾伦·李帕特、尼尔·斯梅尔塞（Neil Smelser）和乔万尼·萨托利（Giovanni Sartori）为代表的"控制论"以及以托德·兰德曼

---

① 这五条规则除了求同法和求异法之外，还包括：（1）契合差异并用法（求同求异并用法），若在所研究现象出现的各个场合中，都存在一共同情况，而在所研究现象不出现的各个场合中都没有该情况，则该情况与所研究现象之间有因果联系；（2）剩余法，若已知某一复合现象是另一复合现象的原因，又知前者中某一部分是后者中某一部分的原因，则前者的其余部分与后者的其余部分有因果联系；（3）共变法，若每当某现象发生一定程度的变化时，另一现象也随之发生一定程度的变化，则这两现象之间有因果联系。参见徐孝通：《密尔求因果五法》，《中国大百科全书》第 16 卷，第二版，中国大百科全书出版社 2009 年版，第 29 页。

② Adam Przeworski, and Henry Teune, *The Logic of Comparative Social Inquiry*, Wiley-Interscience, 1970. 普沃斯基和图纳的比较思想主要受到美国社会学家尼尔·斯梅尔塞（Neil Smelser）的影响，斯梅尔塞的相关研究可参考 Neil Smelser, "Notes on the Methodology of Comparative Analysis of Economic Activity", in *Transactions of the Sixth World Congress of Sociology*, International Sociological Association, 1966; Neil Smelser, *Comparative Methods in the Social Sciences*, Prentice-Hall, 1976. 对最大差异性系统设计的争议可参考高奇琦：《比较政治研究方法：经典争论与前沿进展》，《社会科学》2013 年第 5 期。

(Todd Landman)和罗德·黑格(Rod Hague)为代表的"折衷论"三种[①]。

二战后最早对比较方法进行系统阐述的是艾伦·李帕特[②]。他将比较方法定义为小样本的案例比较,并将比较方法与实验法、统计法以及单案例研究法从"检验理论"以及"获得数据的难易程度"两方面进行了比较。在排除竞争性解释和理论检验方面,比较案例方法不及实验法和统计法,但强过单案例研究;而在数据可得性方面,与实验法和统计法相比,比较案例方法更容易获得数据。李帕特对比较方法的理解建立在密尔的求同法和求异法基础之上,比较的本质是寻找相关性,并通过共变法来建立因果关系。而针对比较案例方法的主要批评,即"多变量—少案例"下容易出现遗漏变量问题,李帕特的建议是增加案例数量,重构变量以减少变量数量,或者是关注一些能对理论提供重要检验的案例。大卫·科利尔在二十多年前评价比较政治学方法的发展时,强调了西达·斯考切波(Theda Skocpol)和玛格丽特·萨默斯(Margaret Somers)指出的比较分析三类型和研究周期说,在今天仍有借鉴意义:第一类是为了形成或检验假设,对案例中的共变性进行系统的检验而开展的比较研究;第二类用案例比较展现某个概念或理论可以被运用在较多案例上,这种比较研究的目的不是为了检验理论而是为了平行展现某个理论(parallel demonstration of theory);第三类比较研究是为了强调在不同背景和情境下不同的变化过程。由于每一类比较研究都有局限性,斯考切波和萨默斯认为这三类研究其实是研究周期的不

[①] 高奇琦:《比较政治研究方法:经典争论与前沿进展》,《社会科学》2013年第5期。对比较政治分析逻辑的讨论还可参考李路曲:《比较政治分析的逻辑》,《政治学研究》2009年第4期。

[②] Arend Lijphart, "Comparative Politics and Comparative Methods", *American Political Science Review*, 1971, 65(3), pp.682-693.

同阶段①。除了斯考切波和萨默斯,一些政治学家和社会学家也对小样本案例比较方法进行了修正和发展②。

建立在比较方法专门讨论的基础上,比如,从 20 世纪 70 年代李帕特到 90 年代初萨托利的讨论,以及质性研究方法的总体发展,近年来比较政治研究的重要进展之一是从单因解释转向多因解释③。另一个主要的趋势就是比较分析单位的下移,越来越多的比较研究开始关注亚国家单位。对亚国家单位的比较研究迎合了过去几十年在全球政治和经济分权趋势下解构(disaggregate)国家的需要。同时地理信息系统(geographic information system,GIS)的发展为获取亚国家单位的地理数据提供了便利。分析单位的下移有若干好处。其一,在方法方面的优势包括可增加观测值、更易于在比较中控制住较多变量、避免了赋值过程中以整体值代替局部值,也更好地展现了政治和经济过程中的地方差异等④。其二,随着政治和经济分权的深化,地方政府享有更多的自主决策权,对中央层面的

---

① David Collier, "The Comparative Method: Two Decades of Change", in Dankwart Rustow, and Kenneth Erickson, eds., *Comparative Political Dynamics: Global Research Perspectives*, HarperCollins Publishers, 1991, pp.7-31; Theda Skocpol, and Margaret Somers, "The Uses of Comparative History in Macrosocial Inquiry", *Comparative Studies in Society and History*, 1980, 22(2), pp.174-197.

② Donald Campbell, "Degrees of Freedom and the Case Study", *Comparative Political Studies*, 1975, 8, pp.178-193; Alexander George, "Case Studise and Theory: The Method of Structured, Focused Comparison", in Paul Larson, ed., *Diplomacy: New Approaches to History, Theory and Policy*, Free Press, 1979, pp.43-68; David Collier, "The Comparative Method: Two Decades of Change", in Dankwart Rustow, and Kenneth Erickson, eds., *Comparative Political Dynamics: Global Research Perspectives*, HarperCollins Publishers, 1990, pp.7-31; Lieberson Stanley, "Small N's and Big Conclusions: An Examination of the Reasoning in Comparative Studies Based on a Small Number of Cases", *Social Forces*, 1991, 70, pp.307-320.

③ 高奇琦:《比较政治研究方法:经典争论与前沿进展》,《社会科学》2013 年第 5 期。萨托利在 20 世纪 90 年代的讨论参见 Giovanni Sartori, "Comparing and Miscomparing", *Journal of Theoretical Politics*, 1991, 3(3), pp.243-257。

④ Richard Snyder, "Scaling Down: The Subnational Comparative Method", *Studies in Comparative International Development*, 2001, 36(1), pp.93-110.

政治和经济影响更大，同时地方政府对社会的影响更直接，这些因素导致在对政治现象和政治过程的分析中，忽视地方政府等亚国家单位将可能带来较大的偏差，不利于理论的发展。在种族冲突、民主化过程以及经济发展等领域，亚国家单位的研究都推动了理论的构建。同时值得一提的是，亚国家单位比较分析也面临一些挑战，主要包括如何分离地方性特殊因素的影响形成更具有外推性以及和理论衔接更紧密的发现①。

第五节　政治学研究方法在中国

中国政治学界开始系统地关注研究方法被认为始于20世纪90年代。白钢和刘军宁在1992年发表的《关于政治学方法论研究的几个问题》一文中指出："中国政治学起步很晚，而对政治学方法论的研究起步更晚。这就使得在中国政治学界开展对方法论的研究工作变得更加迫切……政治学方法论的研究在多样化基础上不断繁荣，才能给中国政治学的繁荣带来美好的前景。"②随后，中国学者立足于当代政治实践，讨论政治学研究的范式与方法的文章逐渐增多，对西方政治科学研究方法的介绍逐渐深化和成熟。几乎对每个研究方法以及研究设计中的重要环节都有详细的介绍和讨论③。在社会科学方法的培训上，与国外的合作逐渐增多。比如，自

---

　　① 具体总结参考 Cai Zuo, "Scaling Down: Subnational Comparative Case Studies in Comparative Politics and Chinese Politics", *European Political Science*, 2015, 14, pp.318-339。
　　② 白钢、刘军宁:《关于政治学方法论研究的几个问题》,《中国社会科学院研究生院学报》1992年第3期。
　　③ 专门讨论政治学方法的著作包括郭正林、肖滨主编:《规范与实证的政治学方法》,广东人民出版社2003年版;高奇琦主编:《比较政治学前沿:第1辑　比较政治的研究方法》,中央编译出版社2013年版;冯志峰:《政治学方法论:理论、模型与实践》,中国社会科学出版社2015年版;臧雷振:《政治学研究方法》,中国社会科学（转下页）

2006年中国人民大学政治学系与美国杜克大学政治学系联合举办政治学研究方法讲习班,推进对青年政治学教师研究方法的培训以来,国内不同大学与美国杜克大学已合作举办了十届研究方法暑期培训班("中国公共管理与政治学研究方法暑期培训班")。并自2010年开始,暑期培训课程得到了美国密歇根大学"校际政治及社会研究联盟(ICPSR)"的全力支持,平均每届有上百名青年教师和学生参与其中①。复旦大学国际关系与公共事务学院已经连续七年举办中国政治科学研究与方法工作坊。

(接上页)出版社2016年版。国内的学术期刊当中,比如《公共行政评论》2008年第3期曾开辟研究方法的专栏讨论扎根理论研究、个案研究、历史比较分析和公共行政学研究方法,2015年第4期开设关于定性方法、定量方法与社会科学的研究设计的专栏。对比较政治学的主要方法和操作技术等问题的讨论,参见张小劲、景跃进:《比较政治学导论》,中国人民大学出版社2001年版,第84—113页;景跃进、王国勤:《西方政治学研究取向与中国政治学方法论的发展》,载郭苏建主编:《政治学与中国政治研究:学科发展现状评析》,上海人民出版社2016年版,第89—108页;李路曲:《从对单一国家研究到多国比较研究》,《政治学研究》2009年第6期;高奇琦:《比较政治研究方法:经典争论与前沿进展》,《社会科学》2013年第5期。关于案例分析方法的讨论,参见王丽萍:《比较政治研究中的案例、方法与策略》,《北京大学学报(哲学社会科学版)》2013年第6期;陈刚:《个案研究在比较政治中的应用及其意义》,《社会科学战线》2014年第5期。对围绕概念相关讨论的介绍,参考高奇琦、景跃进主编:《比较政治学前沿:比较政治中的概念问题》(翻译集),中央编译出版社2014年版;高奇琦:《比较政治分析中的概念研究》,《欧洲研究》2013年第5期,以及对具体某个政治学概念的讨论,参见袁超:《政治衰败概念的分析与重构》,《国外理论动态》2015年第2期。对因果机制的介绍和分析,参见曲博:《因果机制与过程追踪法》,《世界经济与政治》2010年第4期;刘骥、张玲、陈子恪:《社会科学为什么要找因果机制——一种打开黑箱、强调能动的方法论尝试》,《公共行政评论》2011年第4期。对社会调查方法的讨论,参见严洁、邱泽奇、任莉颖、丁华、孙妍:《社会调查质量研究:访员臆答与干预效果》,《社会学研究》2012年第2期;严洁:《项目无回答的成因与降低其水平的途径》,《华中师范大学学报(人文社会科学版)》2006年第6期。对政治学实验研究议题的分析和总结,参见臧雷振:《政治学研究中的实验方法——近年来的应用进展及研究议题分布》,《国外理论动态》2016年第5期;李强:《实验社会科学:以实验政治学的应用为例》,《清华大学学报(哲学社会科学版)》2016年第4期。对社会科学中选择性偏差问题的讨论,参见臧雷振、陈鹏:《选择性偏差问题及其识别》,《世界经济与政治》2015年第4期。此外,国内还翻译了一系列国外社会科学方法的经典著作。

① 其余的政治学方法培训班包括杜克大学—中山大学政治学博弈论方法暑期研讨会,以及自2015年开始上海交通大学国际与公共事务学院连续举办的暑期社会科学方法论培训班,邀请国内外专家介绍前沿的政治学研究方法。

经过 20 多年的发展,随着社会科学研究方法讨论的积累以及海外留学回国研究人员的增多,在 2016 年爆发了对社会研究方法的大量讨论甚至激烈论辩①。在肯定社会科学研究方法发展的基础上,学者对科学主义方法产生了更多的反思。比如,渠敬东教授指出,在社会科学研究中要警惕以下三方面:第一,小心社会科学的美国化,照抄照搬美国社会科学表面上的那套制度,而不关心这样的社会科学是基于怎样的人心和文明基础、怎样的社会历史变迁以及怎样的逻辑预设而形成和变化的,不关心我们自己的社会科学从哪里来到哪里去的问题;第二,小心方法主义的迷信,似乎越能够寻得一种精巧的方法,就越有信心把握住我们全部的生活经验;第三,警惕在对西方概念没有真正理解的情况下使用西方概念可能产生的误区,今天社会科学家学术思维中首要的和必须的工作是不断赋予概念以新的含义和拓展对于西方文明之基本理念及其演变机制的理解,这样有助于我们找到理解中国文明的概念和价值②。在方法论方面,这种谨慎和反思无疑显示了中国社会科学研究的发展。同时,学者倡导的"一种观念、方法和实践上的学术包容"也是中国社会科学领域继续发展和成熟的助推剂③。

　　在研究方法的具体运用上,现有分析表明,这些年国内政治学

---

　　① 具体总结参见仇立平:《社会研究方法论辩背后的中国研究反思》,《新视野》2016 年第 6 期。仇立平在开篇指出,2016 年是在中国社会学恢复以来,对社会研究方法讨论最多的一年。这些讨论主要包括渠敬东教授的《破除"方法主义"迷信——中国学术自立的出路》一文(载于《文化纵横》2016 年第 2 期)、陈云松教授的回应文章《走出费孝通悖论:论社会学的方法之争》(载于微信公众号"定量群学",2016 年 4 月 22 日),以及华裔社会学家赵鼎新教授的文章《科学其实只是一种片面而深入地看问题的方法》(载于微信公众号"天地本然",2016 年 6 月 18 日)。此外,还有围绕大数据是否有"原罪"的争论,参见潘绥铭:《生活是如何被篡改为数据的?——大数据套用到研究人类的"原罪"》,《新视野》2016 年第 3 期;刘林平、唐斌斌、蒋和超:《大数据有"原罪"吗?——与潘绥铭教授商榷》,《新视野》2016 年第 4 期。

　　② 渠敬东:《破除"方法主义"迷信——中国学术自立的出路》,《文化纵横》2016 年第 2 期。

　　③ 陈云松:《走出费孝通悖论:论社会学的方法之争》,载微信公众号"定量群学",2016 年 4 月 22 日。

领域的经验研究仍然较少。肖唐镖和陈洪生对1995年到2002年国内学者公开发表的政治学研究方面的论文非随机选取近300篇,其中规范研究占2/3,经验研究仅占1/3;李艳霞通过对在1985年至2010年间刊载在《政治学研究》上的1 031篇文献进行分析发现,经验研究的比例为34.2%,规范研究和应用研究各占28%[①]。而在经验研究中,文献型的定性研究仍然是运用得最多的研究方法。案例研究、统计分析以及基于实地调查数据展开分析的研究比例均不到1/4。有学者将当代中国政治学研究的典型特征归纳为以文献为主的"静态研究"多,理论引介多,学术批判少;概念阐释多,理论构建少;现象描述多,现象解释少;就事论事多,理论升华少[②]。可见,实证研究方法在中国政治学领域仍有较大的运用和发展空间。

第六节 研究目的与主要观点:方法的权衡观

本书的研究目的有二:展示方法上的权衡观以及不同方法的发展趋势。本书的主要观点是在方法的运用和研究上应该坚持权衡观,把不同研究方法(包括概念构建不同方法)的优势和局限性与研究问题的因果类型与研究目的紧密结合起来考虑,然后做出方法上的选择。对方法的讨论和学习其实就是对方法选择中各种权衡的明晰与合理性的分析。这种方法上的权衡观并不是一个全

[①] 肖唐镖、陈洪生:《经验研究方法在我国政治学研究中应用的现状分析》,《政治学研究》2003年第1期;李艳霞:《当代中国政治学研究类型与领域的实证分析》,《文史哲》2012年第6期。

[②] 肖唐镖、郑传贵:《主题、类型和规范:国内政治学研究的状况分析——以近十年复印报刊资料〈政治学〉中的论文为对象》,《北京行政学院学报》2005年第2期;李艳霞:《当代中国政治学研究类型与领域的实证分析》,《文史哲》2012年第6期。

新的观点,亨利·布雷迪和大卫·科利尔在由他们主编的、回应DSI的方法著作《社会研究再思考:不同的方法,共享的准则》中就提到,不应生硬地强调定性方法与定量方法的一致性,而是应该建立一种权衡观。然而,无论是中文著作还是英文研究,鲜少对方法中的权衡进行系统地阐述。本书将权衡的分析贯穿到每一章节对方法的具体讨论当中,不仅探讨选择不同方法时的权衡,也将分析具体方法下不同策略选择时的权衡,比如在下定义和测量概念的时候是选择二分法还是使用区间连续变量,在选择案例时有偏选择被解释变量值是否合理和可接受,在社会调查中选择什么样的调查类型和田野执行策略,都取决于研究对象、目的以及探求因果关系的类型。在方法上,最合理选择带来的在因果推断上的局限性一定是小于其他选择的。

自20世纪五六十年代行为主义革命以来,在实证主义的大背景下,不同的政治学研究方法在不同程度上都经历着严谨化趋势,包括被视为科学严谨程度较低的经典人类学方法以及过程追踪法。另一个趋势是对因果推断内部效度的优先和强调,包括外部效度在内的其他评价标准逐渐被视为是次重要的。同时对因果机制的重视为定性方法注入了新的生命力。对方法的研究最终在于优化对方法的运用,因此在展示方法上的权衡观以及发展趋势时,也必然需要介绍方法的运用和研究实例。

基于上述研究目的,接下来第二章探讨研究设计初期涉及的研究问题、概念以及测量效度。从第三章起至第七章,逐一分析与讨论案例分析方法、过程追踪与比较历史分析(机制法)、人类学方法、社会调查方法以及实验与类实验方法在政治学领域的应用、权衡、发展以及存在的主要争论和达成的共识。第八章是本书的结语。

第二章
研究问题、概念与测量的选择

> 在对政治科学问题进行世界范围的比较研究时,对于这一研究的逻辑前提(概念处理),我们似乎特别天真。
> ——乔万尼·萨托利(1970)*

研究问题是研究的中心,所有的研究设计及方法的选择都服务于研究问题。对社会科学研究,不少研究者都会赞同这样一个观点:从长远来看,找到一个对的问题相较于为一个不是那么有意思的问题找到对的答案,前者更为重要①。然而如何找到研究问题并没有既定的规则或方法。如卡尔·波普尔(Karl Popper)所说:"世界上没有一套用来指导发现新观点的逻辑方法……'发现'包含着一种非理性成分或是创造性的直觉。"②

---

* [意]乔万尼·萨托利:《比较政治学中的概念误沟》,欧阳景根编译,高奇琦、景跃进主编:《比较政治学前沿(第 2 辑):比较政治中的概念问题》,中央编译出版社 2014 年版,第 57 页;原文出自 Giovanni Sartori, "Concept Misformation in Comparative Politics", *American Political Science Review*, 1970, 64(4), p.64。

① 比如,John Gerring, *Social Science Methodology: A Unified Framework*, Cambridge University Press, 2012, p.33。

② 转引自 Gary King, Robert Keohane, and Sidney Verba, *Designing Social Inquiry: Scientific Inference in Qualitative Research*, Princeton University Press, 1994, p.129。

研究问题中往往包含着某个主要概念,概念是理论的主要组成部分。对理论作出贡献的社会科学研究大多运用到某些重要概念。然而如加里·戈尔兹所言:虽然概念是理论的中心部分,但是政治科学家,除了乔万尼·萨托利和大卫·科利尔,鲜少关注社会科学中的概念本身[1]。概念与测量(measurement)关联紧密,在寻找测量指标前,必须明确到底要测量什么,而一个无法被测量的概念在研究中的功用将非常有限。在研究初期,研究人员就需要花费较多思考在研究问题、概念与测量的选择上。

第一节 研究问题的形成

研究问题从一开始就深深打上了个人的烙印。研究者的知识储备、学术趣味、价值好恶以及个人经验在较大程度上影响甚至直接决定了研究问题的选择。对社会现象及其解释的好奇、愤怒、直觉,这些看似非理性的因素塑造着研究问题的雏形[2]。扎实的基本知识和对一些历史社会基本事实的知识储备是从客观事物的发展里创造性地提出问题的基础[3]。然而兴趣等个人因素并不能支持问题具有研究价值。虽然听上去有些粗鲁,但KKV真实地指出了学术界的评价标准:"从对社会科学的潜在贡献来看,个人原因不是证明该问题具有研究正当性的充分或必要条件。大多数情况下,个人因素都不应该出现在我们的学术著作中。直截了当地说,没人在乎你想的是什么——学术界

---

[1] Gary Goertz, *Social Science Concepts: A User's Guide*, Princeton University Press, 2006, pp.1-2.

[2] Barbara Geddes, *Paradigms and Sand Castles*, University of Michigan Press, 2003, p.29.

[3] 费孝通:《怎样做社会研究》,上海人民出版社2013年版,第312页;Barbara Geddes, *Paradigms and Sand Castles*, University of Michigan Press, 2003, pp.30-32.

只在乎你能证明什么。"①

一个合格的研究问题,一定是与既有理论展开对话并对理论发展有所贡献,同时具有现实意义的。虽然在研究问题应该是问题导向(problem-driven)、理论导向(theory-driven)还是方法导向(method-driven)方面仍有争议,社会科学家似乎大多赞同在研究中更多地关注中层理论②。在具体理论贡献的可能方式上,学者给出的建议有些许出入。KKV 的清单包括:选择并检验一个没有被系统研究的假设、证伪一个被广泛接受的假设、对既有争议提出新的证据和分析、分析或评价未被质疑的假定、系统研究某一个被忽视的主题、显示某一类文献中的理论或证据可以用来解释其他文献中的研究问题③。其他可能的理论贡献包括:发现现有理论中的逻辑不一致性、建立概念、发现理论不能解释的重要案例并修正现有理论、对研究现象提出新的解释、发现不同理论的关联④。"在把握问题的重要性方面,需要具有问题意识,即负责任的批判意识以及市场意识。判断一个题目重要不重要,需要思考:第一,其对政治学研究的最终顾客是不是重要;第二,其对一样从事政治学研究的同行是不是重要。"⑤

在找寻研究问题的过程中,一个重要的任务是熟悉相关领域

---

① Gary King, Robert Keohane, and Sidney Verba, *Designing Social Inquiry: Scientific Inference in Qualitative Research*, Princeton University Press, 1994, p.15.

② 关于在研究问题取向方面的争论,参见 Ian Shapiro, "Problems, Methods, and Theories in the Study of Politics, or: What's Wrong with Political Science and What to Do About It", in Ian Shapiro, Rogers Smith, and Tarek Masoud, eds., *Problems and Methods in the Study of Politics*, Cambridge University Press, 2004;中层理论由美国社会学家罗伯特·默顿(Robert Merton)提出,参见 Robert Merton, *Social Theory and Social Structure*, Free Press, 1968。

③ Gary King, Robert Keohane, and Sidney Verba, *Designing Social Inquiry: Scientific Inference in Qualitative Research*, Princeton University Press, 1994, pp.16-17.

④ Thomas Gschwend, and Frank Schimmelfennig, *Research Design in Political Science*, Palgrave Macmillan, 2007, pp.24-25.

⑤ 李连江:《不发表,就出局》,中国政法大学出版社 2016 年版,第 49—64 页。

的已有研究。总结和发现自己研究领域的核心关注问题和留待解决的谜题是社会科学研究的基本功和应该培养的重要习惯。无论是为了避免重复已有的研究还是为了证明自己研究问题的价值,都需要熟知且有效地运用既有研究成果。在具体论文写作中,文献综述的目的正是为了帮助凸显研究问题的意义和价值①。在 2008 年美国政治学年会比较政治学分论坛通讯中列出了在比较政治学领域一些还未被回答的大问题②。这些仅是政治学家给出的一些例子。随着时间的推移,研究者心中的问题清单也会随之更新。导师建议、期刊文章、工具书以及各校政治学院系网站上的课程大纲都能为发现和识别这些问题提供指导③。跟踪刊物发表的文章、参加学术会议以及跟踪时事是寻找重要课题的主要途径④。

每个研究人员都需要尊重前辈的研究,但是也应该提防被既有研究束缚。阅读文献时,研究者对如何达到两者之间的平衡应时刻保有一种自觉。即便是对经典的研究,保持怀疑和批判也是

---

① 关于文献综述的讨论,参见熊易寒:《文献综述与学术谱系》,《读书》2007 年第 4 期;Jeffrey Knopf, "Doing a Literature Review", *PS: Political Science and Politics*, 2006, 39(1), pp.127–132。

② 具体参见附录二。

③ 这些包括但不限于《政治科学年度评论》(*Annual Review of Political Science*)上的评述性文章,"牛津手册(Oxford Handbook)"系列丛书,比如《国际关系牛津手册》(*Oxford Handbook of International Relations*)、《比较政治牛津手册》(*Oxford Handbook of Comparative Politics*)等。美国明尼苏达大学政治学系教授本·安塞尔(Ben Ansell)在其相关课程大纲中就列出了在比较政治经济学以及国际政治经济学的十个核心问题:为什么国家会有不同的社会福利政策?为什么过去几十年收入不平等在扩大?什么导致了犯罪和腐败?为什么不同国家的货币政策形式不同?什么解释了教育支出水平?为什么发达国家与发展中国家的差距没有缩小?什么解释了公众对全球化的意见?为什么国家(或是非国家单位)签条约?制裁在什么条件下奏效?军备控制在什么条件下奏效?关于国际关系领域重要的十一大研究问题(puzzle)总结,可参见 Jeffry Frieden, Darid Lake, and Kenneth Schultz, *World Politics: Interests, Interactions, and Institutions*, W.W. Norton & Company, 2010, Introduction。

④ 李连江:《不发表,就出局》,中国政法大学出版社 2016 年版,第 53—54 页。

有益和需要的。罗伯特·卢-伯恩斯坦(Robert Root-Bernstein)认为:"著名科学家并没有比其他科学家更聪明……他们只不过是更好奇,更加打破传统,更持之以恒,更愿意绕弯路,以及更愿意去解决一些大的最基本的问题。最重要的是,他们拥有学术勇气和胆量。"①此外,虽然听上去有些教条,选择问题时预计和思考以下这些要素将有益于研究的开展:与之对话的文献是什么,可能的理论发展和贡献,你想要的结论的类型,数据从何而来,运用什么方法,研究的可行性等②。总的来说,现有关于提出问题的讨论仍然停留在一个给零星建议或是"只可意会,不可言传"的阶段,到底在社会科学研究中,什么样的问题是有价值的,如何提出问题,还需要更加系统和深入的讨论。

第二节 概念的结构与构建

一、概念及其要素

什么是概念?哲学家和政治理论家(political theorists)给出了不同的定义。罗伯特·阿德科克(Robert Adcock)将这些不同的理解划分为两类,一类为强调认知的经典模型,认为概念是对一

---

① Robert Root-Bernstein, *Discovering: Inventing and Solving Problems at the Frontiers of Scientific Knowledge*, Harvard University Press, 1989, p.408.关于如何保持平衡——既尊重文献又不被既有文献束缚的讨论,可参见 Howard Becker, *Writing for Social Scientists: How to Start and Finish Your Thesis, Book, or Article*, University of Chicago Press, 1986, pp.135-149。

② Herbert Rubin, and Irene Rubin, *Qualitative Interviewing: The Art of Hearing Data*, Sage Publications, 2005, pp.39-63; John Gerring, *Social Science Methodology: A Unified Framework*, Cambridge University Press, 2012, pp.50-52. 这儿的结论类型包括政策建议型、中层理论型等。约翰·吉尔林针对如何找到研究问题还提出了其他具体建议,参见 John Gerring, *Social Science Methodology: A Unified Framwork*, Cambridge University Press, 2012, pp.37-57。

类事物的本质属性进行抽象形成普遍观点这一思维活动的认知产物;另一类强调语言,认为概念是在使用语言时反映出的能力,此处的语言被理解为一个社会规则的系统①。现有关于概念的日常定义多为前者。在政治科学中,对概念的定义也大多基于认知的经典模型。比如,乔万尼·萨托利在他对概念的定义中强调:概念是"一个基本的思维单位。只有当我们知道什么不是 A 时,我们才有了一个关于 A 的概念"②。因此,本书沿用对概念基于认知的经典定义。

概念至少包含三个要素:术语本身、内涵(intension)、外延或指称(extension)。内涵是起到定义作用的基本属性,外延为概念所指对象的范围。有些学者,比如约翰·吉尔林,认为概念还包括第四个要素,即概念的测量指标;加里·戈尔兹认为概念的第三个层次就是测量指标。下面先总结乔万尼·萨托利对概念及其要素的研究,在此基础上进一步探讨近来学者在这些领域的发展和讨论。

在萨托利看来,概念的本质就是其内涵。内涵包括两类属性:一类是定义性的属性,一类是附属的依情境变化的属性。下定义或者形成概念的一个中心任务就是将定义性属性与附属属性区别开来。那什么是定义性属性以及怎样将其与附属属性区分开来? 萨托利认为能辨别概念所指对象并建立起概念外延边界的属性就是定义性属性。概念的内涵与外延紧密相关,形成概念的过程就是建立外延边界的过程。划定一个概念界线的方法就是找到并定义它的对立面(negative pole),什么是 A 是通过什么不是 A 来建立的。除了确定外延的边界,在下定义的过程中还应注意的与概念外延相关的另外两个问题包括:(1)概念所指对象的资格,即明确概念所

---

① Robert Adcock, "What is a Concept?", Committee on Concepts and Methods Working Paper Series of International Political Science Association, 2005, p.24.

② Giovanni Sartori, "Guidelines for Concept Analysis", in Giovanni Sartori, ed., *Social Science Concepts: A Systematic Analysis*, Sage, 1984, p.74.

指的具体对象有哪些;(2)可测量问题,概念只有可被操作化、可测量时才能与其他概念所指对象进行区分并有效建立起外延的边界①。

在概念内涵与外延的关系上,萨托利认为两者负相关:内涵属性越少,概念所指对象越多,即外延越宽;内涵的属性越多,概念涵盖的对象越少,外延越窄。萨托利区分了不同程度的抽象化或普遍性,概念外延越宽普遍性越高,概念的区别能力也越低,比如群体(group)这一概念,它可以被运用到几乎任何地方和情境下,在具体操作化及理论探索中都容易带来混乱因而在研究中的效用较低。类似的抽象化程度较高的概念,在萨托利看来,还包括多元主义(pluralism)、整合(integration)、参与(participation)和动员(mobilization)。研究中经常存在概念延伸问题(conceptual stretching),即尝试拓宽概念外延,把原有概念或范畴覆盖到其他对象时,新的对象并不符合概念内涵,原有概念被不恰当地运用到研究对象上。为了避免这个问题,研究人员应该沿着"抽象之梯"向上爬,减少概念内涵的属性数量,以扩展概念外延②。在萨托利的研究基础上,后来的学者在概念结构和概念形成策略等方面都有所发展③。

二、概念结构与概念形成

在概念的定义上,后来的研究者更明确地将界定概念的对立面以及确定内涵属性视为两个不同层次。比如在科利尔和阿德科

---

① 关于萨托利针对概念内涵与外延的详细讨论可参见 Giovanni Sartori, "Guidelines for Concept Analysis", in Giovanni Sartori, ed., *Social Science Concepts: A Systematic Analysis*, Sage, 1984, pp.15-85。
② Giovanni Sartori, "Concept Misformation in Comparative Politics", *American Political Science Review*, 1970, 64(4), pp.1033-1053.
③ 对萨托利关于概念的讨论以及后人对其的总结和发展,可参见 David Collier, and John Gerring, eds., *Concepts and Method in the Social Science: The Tradition of Giovanni Sartori*, Routledge, 2009。

克的两层结构概念中的背景概念(background concept)以及戈尔兹的三层结构概念中的基础层级概念(basic-level concept),形成这些概念的中心任务都是明确概念的对立面,而形成系统化的概念(systematized concept)或是第二层概念则主要是确定内涵的构成属性[①]。

在概念化(conceptualization)方面,即如何确定内涵的构成属性上,萨托利并没有展开讨论。在后来的学者看来,萨托利运用的是必要且充分条件的方法,即当且仅当满足某些特征时它才是 A,这是在下定义过程中最普遍和被认为理所当然的方法,该传统可以上溯到亚里士多德,在 20 世纪中期之前它一直都是定义或概念化某种现象的唯一方法[②]。直到 20 世纪中期奥地利哲学家路德维希·维特根斯坦(Ludwig Wittgenstein)在《哲学研究》中提出家族相似性理论(family resemblance),认为概念或定义可以不包括必要的特征,而是依靠家族相似关系,即类型成员在一定程度上很相似,但是没有一个属性是所有这类成员都拥有的。政治学中一个使用"家族相似性"结构的概念就是福利国家(welfare state),我们往往认为福利国家会提供一系列社会福利,比如医保、失业保险等,但是并没有哪一类社会福利被认为是福利国家中必不可少的。戈尔兹将"家族相似性"看成是只包含充分条件而没有必要条件的概念化途径,它暗含着不同定义要素之间是可替代的(substitutability)。"必要且充分条件"和"家族相似"这两种不同的概念结构没有孰优孰劣,但在概念形态、概念延伸规避、内涵与外延关系等方面都会带来不同

---

① 关于背景概念和系统化概念的讨论,参见 Robert Adcock, and David Collier, "A Shared Standard for Qualitative and Quantitative Research", *American Political Science Review*, 2001, 95(3), pp.529-546。关于基础层级和第二层级概念的讨论,参见 Gary Goertz, *Social Science Concepts: A User's Guide*, Princeton University Press, 2006。

② 转引自 Gary Goertz, *Social Science Concepts: A User's Guide*, Princeton University Press, 2006, p.29。

的影响。下面以民主这个概念为例展开讨论。

西摩·李普赛特(Seymour Lipset)在《政治人》一书中对民主的定义为:"一种通过宪法为定期更换政府官员提供机会的政治系统以及一种允许尽可能多的人通过选择政治职务竞争者来影响重大决策的社会机制。"[1]从书中接下来的论述中不难看出,李普赛特认为这两个条件是民主的必要条件,缺少其中任何一个条件的政体都不能被看作民主政体。对民主的程序定义实质是把"有竞争性的选举过程"视为民主的必要条件。梳理下来,对民主的定义大多遵从必要且充分条件的结构。但如戈尔兹指出的,一方面这些定义都没有明确民主的必要充分条件,另一方面对民主的测量和操作化大多遵循"家族相似"的概念逻辑,即通过对民主不同维度的测量指标进行平均加总的方式对国家的民主程度进行赋值,其暗含的观点是民主的不同维度可以相互替代。比如,Polity 指数的构建者明确表示不存在一个可以将政体归为"民主"或"威权"的必要条件[2]。除了经典的"必要且充分条件"以及"家族相似"逻辑,第三类对民主概念的定义逻辑由大卫·科利尔与詹姆斯·马洪提出,他们认为民主是一个辐射概念(radial category)。与"家族相似"逻辑类似,辐射概念逻辑也赞同概念范畴的成员不需要具备某些必要的特征,但与其不同的是,辐射概念包含一个经典原型(prototype),它包含了这个概念所有重要的核心内涵,概念范畴成员往往只具备这个经典原型的部分特征。如果原型在现实中不存在,它就类似于马克斯·韦伯提到的概念理想类型(ideal type)[3]。表 2-1 列出了科利尔与马洪认为辐射概

---

[1] Seymour Lipset, *Political Man: The Social Bases of Politics*, Doubleday, 1962, p.27.
[2] Keith Jaggers, and Ted Robert Gurr, "Tracking Democracy's Third Wave with the Polity III Data", *Journal of Peace Research*, 1995, 32, p.472.
[3] 比如罗伯特·达尔(Robert Dahl)明确地将民主定义为一种理想类型概念,现实中还没有哪个国家实现了"民主",和这个理想类型最接近的政体是多头政体。

念(以民主为例)与作为经典的"必要且充分条件"概念(以威权为例)在概念结构上的区别。他们以皮埃尔·奥斯蒂盖(Pierre Ostiguy)对民主的界定为例,"民主"的核心构成要素包括广泛有效的政治参与、对国家权力的限制以及经济社会结果的相对公正,同时拥有这三个因素被视为是民主的理想类型,但是同时具备当中的某些因素,比如有效的政治参与和对国家权力的限制构成"自由型民主"。"运用辐射型范畴,科利尔试图说明在现实中映射某一概念的相关案例往往只具有理性类型的部分特征,而非全部特征。"①

表 2-1 经典范畴与辐射范畴的区别

表 2-1a 经典范畴:威权政体

	概念范畴	内涵要素			
主要范畴	威权政体(authoritarianism)	A	B		
次级范畴	民粹型威权(populist authoritarianism)	A	B	C	
	官僚型威权(bureaucratic authoritarianism)	A	B		D

A:有限的多元主义
B:独特的心理状态(不是指主导意识形态)
C:对工人阶级和/或中产阶级的强大动员
D:军队、官僚与跨国资本结成联盟与之前被动员的民众形成分立

表 2-1b 辐射范畴:民主

	概念范畴	内涵要素		
主要范畴	民主(democracy)	A	B	C

---

① 高奇琦:《比较政治分析中的概念研究》,《欧洲研究》2013年第5期。

续表

	概 念 范 畴	内 涵 要 素		
次级范畴	参与型民主(participatory democracy)	A		
	自由型民主(liberal democracy)	A	B	
	大众型民主(popular democracy)	A		C

A：有效的政治参与
B：对国家权力的限制
C：社会与经济结果的相对公正(relative equity)
注：科利尔在后来的文章中对其中的观点，主要以民主这一概念为例，进行了一系列的修订和发展，包括 David Collier, and Steven Levitsky, "Democracy with Adjectives: Conceptual Innovation in Comparative Research", *World Politics*, 1997, 49, pp.430-451; David Collier, and Steven Levitsky, "Conceptual Hierarchies in Comparative Research: The Case of Democracy", in David Collier, and John Gerring, eds., *Concepts and Method in the Social Science: The Tradition of Giovanni Sartori*, Routledge, 2009, pp.269-288。
资料来源：David Collier, and James E. Mahon, "'Stretching' Revisited: Adapting Categories in Coparative Analysis", *The American Political Science Review*, 1993, 87(4), p.850. 表中威权政体概念下的 A 和 B 来自 Juan Linz, "Totalitarian and Authoritarian Regimes", in Fred Greenstein, and Nelson Polsby, eds., *Handbook of Political Science*, Addison-Wesley, 1975。

"必要且充分条件"结构的概念更倾向于对相应概念持二分的观点，民主的对立面就是威权，民主与威权有实质的区别(differ in kind)，这两个概念范畴截然不同，有明确的边界；而"家族相似"以及辐射概念逻辑更可能持一种区间观，不同政体的差异不是实质的区别而只不过是程度上的差异(differ in degree)罢了，民主与威权之间存在一个灰色区间和一些中间过渡案例。在民主这个概念上，萨托利、阿尔瓦雷茨和他的共同作者们反对使用区间观[①]，他们认为在讨论哪些政体更民主之前应该首先用二分的逻辑明确哪

[①] 需要指出的是，萨托利并不认为所有的概念都只适用二分的逻辑，他区分了物体概念(object concept)和属性概念(property concept)，并认为二分的逻辑适合前者而区间的逻辑适用于后者。参考 Giovanni Sartori, *The Theory of Democracy Revisited*, Chatham House, 1987, pp.182-185。

些政体是民主的,并且只对民主政体展开接下来的关于民主程度的讨论;而支持区间观的学者认为建立一个干净的概念对立面往往非常困难乃至不现实,尤其在第三波民主化浪潮后,政体的分布发生了较大变化,民主的形态多样化,中间案例增多,同时在研究民主转型时,很难识别一个具体时间点或历史事件来判断某个国家在此之后变成了完全民主的政体,而将民主看成一个区间更有利于细分不同的政体形态[①]。

在避免概念延伸问题上,不同概念结构下的策略不尽相同。在"必要且充分"的概念结构下,为了防止错误地扩大概念外延,将概念不合理地运用到新案例上,应该沿着"抽象之梯"往上,减少概念的内涵属性;而在另外两种概念结构下,则可能需要沿着"抽象之梯"往下,找到具体的适用新案例的概念子类型。

---

① 在民主这个概念上,持二分观点的学者除了萨托利之外,主要包括 Michael Alvarez, José Antonio Cheibub, Fernando Limongi, and Adam Przeworski, "Classifying Political Regimes", *Studies in Comparative International Development*, 1996, 31(2), pp.1-37; Sarnuel P. Huntington, *The Third Wave: Democratization in the Late Twentieth Century*, University Oklahoma Press, 1991; Guillermo O'Donnell, and Philippe C. Schmitter, *Transitions from Authoritarian Rule: Tentative Conclusions about Uncertain Transitions*, Johns Hopkins University Press, 1986。持有区间观的学者及其研究主要包括 Robert Dahl, *Polyarchy: Participation and Opposition*, Yale University Press, 1971; Robert Dahl, *Democracy and Its Critics*, Yale University Press, 1989; Zachary Elkins, "Gradations of Democracy? Empirical Tests of Alternative Conceptualizations", *American Journal of Political Science*, 2000, 44, pp.293-300; Kenneth Bollen, "Issue in the Comparative Measurement of Political Democracy", *American Sociological Review*, 1980, 45, pp.370-390; Kenneth Bollen, "Political Democracy: Conceptual and Measurement Traps", *Studies in Comparative International Development*, 25, pp.7-24; Kenneth Bollen, and Robert Jackman, "Democracy, Stability, and Dichotomies", *American Sociological Review*, 1989, 54, pp.612-621; Larry Diamond, *Developing Democracy: Toward Consolidation*, Johns Hopkins University Press, 1999; David Collier, and Steven Levitsky, "Democracy with Adjectives: Conceptual Innovation in Comparative Research", *World Politics*, 1997, 49, pp.430-451. 戈尔兹则支持对所有的概念使用区间观,他认为在形成背景概念的过程中,应该考虑概念与概念对立面之间的区间和灰色地带,并思考和明确使用二分还是区间的逻辑来定义概念。具体建议参考 Gary Goertz, *Social Science Concepts: A User's Guide*, Princeton University Press, 2006, pp.34-35。

在概念形成上，萨托利认为一项基础性的工作是先从现有文献中对概念进行重构（reconstruction），包括梳理关于这个概念的不同定义中的内涵属性以及分析不同定义背后的学科和理论情境是如何影响定义本身的。在形成概念时，萨托利建议使用最小定义法（minimal definitions）：在保证定义中涵盖了足够的能够辨别所指对象以及外延边界的属性的同时，概念应简练，即内涵中只保留必要的定义性属性而去掉附属属性。这是萨托利给出的关于概念分析的十条规则之一[①]。在形成概念的步骤上，学者们都赞同并遵循萨托利关于概念重构的观点，在概念形成的初期，对已有定义进行总结和分析。比如吉尔林在定义意识形态（ideology）时，就通过对现有不同的意识形态的定义进行分析，找到大家都认同的属性作为核心属性从而形成对意识形态的一个最小定义[②]。但现实往往并不总是这样幸运，在对概念缺少共识项的情况下，选择什么样的定义是摆在研究人员面前一个现实的问题。不同的定义往往导致不同的分析结果[③]。

萨托利和吉尔林都对"什么样的概念是好的"给出过具体的

[①] Giovanni Sartori, "Guidelines for Concept Analysis", in Sartori Giovanni, ed., *Social Science Concepts: A Systematic Analysis*, Sage, 1984, pp.15-85.

[②] John Gerring, "Ideology: A Definitional Analysis", *Political Research Quarterly*, 1997, 50(4), pp.957-994. 吉尔林更多的关于形成概念的策略可参考 John Gerring, *Social Science Methodology: A Unified Framework*, Cambridge University Press, 2012, pp.131-138。在吉尔林与他的合作者 2003 年发表的文章中，他们进一步提出了形成概念的三个步骤：(1) 对概念的代表性定义进行抽样；(2) 从代表性定义中，提炼出非特殊的属性（non-idiosyncratic attributes）；(3) 构建最小—最大定义，即首先通过识别一个概念的本质要素来确定其最小定义，然后再通过识别最大集合的相关属性来界定某理想类型定义（最大定义），总结见高奇琦：《比较政治分析中的概念研究》，《欧洲研究》2013 年第 5 期，具体参见 John Gerring, and Paul Barresi, "Putting Ordinary Language to Work: A Min-Max Strategy of Concept Formation in the Social Sciences", *Journal of Theoretical Politics*, 2003, 15(2), pp.201-232。

[③] 比如对内战的不同定义会导致在研究内战发生原因时得出不同结论，参考 Nicholas Sambanis, "What is Civil War? Conceptual and Empirical Complexities of an Operational Definition", *The Journal of Conflict Resolution*, 2004, 48(6), pp.814-858.

评价标准①。除了清楚一致性、区分性、可操作性等标准之外,定义的选择应尽可能地服务研究目的和理论假设的检验,同时避免在概念内涵中包含太多或太少的因素。杰拉尔多·蒙克(Gerardo Munck)在对民主概念和测量的梳理及评价一文中,指出学界对民主的讨论主要包括三个核心内涵要素:竞争、参与以及公职的担任人员通过选举决定,对民主采用强调选举竞争和经常性的程序性最小定义显然存在问题②。而在研究民主相关议题时,到底是把民主看成一个二分的概念还是区间的概念,科利尔和阿德科克认为应该秉持一种实用的态度,依据研究目的来定,不同的民主定义在不同的情境和研究目的下都可以有正当性③。概念的形成过程会受到理论自觉或不自觉的指导,尤其在选择具体的系统性的概念时。以民主和平理论为例,戈尔兹和他的共同作者通过检验不同的定义和测量两国总民主程度(dyadic democracy)的方式,展现出两国中民主程度最低值的定义方法(weakest-link measures)是如何符合已有研究的预期及有利于辨识民主和平理论的因果机制④。黎安友与蔡欣怡关于派系定义的讨论展示了他

---

① 比如,吉尔林曾指出评价概念是否恰当的八个标准:熟悉性(familiarity)、共鸣性(resonance)、简约性(parsimony)、一致性(coherence)、区分性(differentiation)、深度(depth)、理论功效(theoretical utility)以及现实功效(field utility),概念构建需要在这八个标准之间权衡和折衷。具体参见 John Gerring, "What Makes a Concept Good? A Critical Framework for Understanding Concept Formation in the Social Sciences", *Polity*, 1999, 31(3), pp.357-393; John Gerring, *Social Science Methodology: A Unified Framework*, Cambridge University Press, 2012, p.117。
② Gerardo Munck, "Conceptualizing and Measuring Democracy: Evaluating Alternative Indices", *Comparative Political Studies*, 2002, 35(1), pp.5-34.
③ David Collier, and Robert Adcock, "Democracy and Dichotomies: A Pragmatic Approach to Choices about Concepts", *Annual Review of Political Science*, 1999, 2, pp.537-565.
④ 由于理论与概念之间的紧密联系,需要警惕同义反复的问题(tautology)。关于理论与概念的关系,参见 Gary Goertz, *Social Science Concepts: A User's Guide*, Princeton University Press, 2006, pp.129-156; Dietrich Rueschemeyer, *Usable Theory: Analytic Tools for Social and Political Research*, Princeton University Press, 2009, pp.1-26。

们提出的概念是如何受到新制度主义的影响并如何有力支持了制度主义在解释有组织的政治行为方面相较于文化主义的优势[①]。肖滨总结了三种形成概念的途径：(1) 借助直接的经验观察对政治概念进行定义，"这类概念的指称对象非常明确，具有直接的经验上的参照物，比如'选民'、'内阁'等概念"；(2) 采用功能性定义，即观察对特定情况的反应，并根据这些反应（或行为）给概念下定义，"比如，艾萨克对'权力'的定义就是一种功能性或操作性定义：'每当 A 能够使 B 做本来他不愿意做的事情时，那么 A 就对 B 拥有权力'"；(3) 将概念纳入理论系统之中，使之获得系统含义，"比如，'政治参与'就是一个理论概念，它一旦进入经验政治理论的系统中，就必然与诸如'选举方式'、'选民投票行为'等具有明确经验含义的概念发生联系，从而成为政治科学研究中的一个有用的概念"[②]。

对一些在本质属性上存在分歧（essentially contested）的概念，比如民主、社会公平等，要求建立一种统一的、标准的定义不切实际，学者应该对不同的定义保有一种宽容并通过开展对话来推动知识的积累[③]。更有学者指出研究人员应该直接针对和利用一些概念中的冲突因素来开展研究。比如，法团主义（corporatism）这一定义中存在相冲突的两个内涵：对社会团体的控制及动员他们的支持。大卫·科利尔和露丝·科利尔（Ruth Collier）在对拉美国家劳工政治的研究当中，依据法团主

[①] Andrew Nathan, and Kellee Tsai, "Factionalism: A New Institutionalism Restatement", *The China Journal*, 1995, 34, pp.157-192.

[②] 肖滨：《政治科学的概念阐释与引入过程》，载郭正林、肖滨主编：《规范与实证的政治学方法》，广东人民出版社2003年版，第172页。

[③] 沃尔特·加利（Walter Gallie）提出了本质属性存在分歧概念（essentially contested concept）这一说法，具体参考 Walter Gallie, "Essentially Contested Concepts", *Proceedings of the Aristotelian Society*, 1955-1956, 56, pp.167-198，以及科利尔和他的合作者对这篇文章的评论 David Collier, Fernando Hidalgo, and Andra Maciuceanu, "Essentially Contested Concepts: Debates and Applications", *Journal of Political Ideologies*, 2006, 11(3), pp.211-246。

义定义中的"控制"和"合作"这两个因素对不同国家进行分类并分析不同类型的国家——劳工关系的政治影响①。

对概念的澄清往往有利于理论的构建或检验,打开一个概念,挖掘概念的不同维度,然后对这些维度予以测量,其实是一个发现理论不同的可观察现象的过程②。政治学界对重要的概念已经积累了大量的知识和总结③,然而围绕概念的讨论总容易让人觉得混乱,这种混乱往往源自不同定义者对概念选择过程介绍的忽视

---

① 具体举例分析参考 Andrew Gould, "Conflicting Imperatives and Concept Formation", *The Review of Politics*, 1999, 61(3), pp.439-463。

② Michael Coppedge, "Thickening Thin Concepts and Theories: Combining Large N and Small in Comparative Politics", *Comparative Politics*, 1999, 31(4), pp.465-476.

③ 下面总结了政治科学研究中部分常见和重要概念及其测量的讨论。对民主概念及其测量的总结和讨论,参见 Michael Alvarez, José Antonio Cheibub, Fernando Limongi, and Adam Przeworski, "Classifying Political Regimes", *Studies in Comparative International Development*, 1996, 31(2), pp.1-37。对国家(state)概念的讨论,参见 Stuart Bremer, and Faten Ghosn, "Defining States: Reconsiderations and Recommendations", *Conflict Management and Peace Science*, 2003, 20(1), pp.21-41。对族群(ethnicity)概念的讨论,参见 James Fearon, and David Latin, "Ordinary Language and External Validity: Specifying Concepts in the Study of Ethnicity", Paper presented at the LiCEP meetings, 2000。对政治认同(identity)概念及测量的讨论,参见 Rawi Abdelal, Yoshiko Herrera, Alastair Johnston, and Rose McDermott, *Measuring Identity: A Guide for Social Scientists*, Cambridge University Press, 2009; Rawi Abdelal, Yoshiko Herrera, Alstair Johnston, and Rose McDermott, "Identity as a Variable", *Perspectives on Politics*, 2006, 4, pp.695-711。对制度化(institutionalization)概念的讨论,参见 Steven Levitsky, "Institutionalization and Peronism: The Concept, the Case and the Case for Unpacking the Concept", *Party Politics*, 1998, 4(1), pp.77-92。对代表(representation)概念的讨论,参见 Hanna Pitkin, *The Concept of Representation*, University of California Press, 1967。关于研究方法中相关概念的说明,参见 Michael Hammond, and Jerry Wellington, *Research Methods: The Key Concepts*, Routledge, 2013。对革命的概念的讨论,参见 Marcus Kurtz, "Understanding Peasant Revolution: From Concept to Theory and Case", *Theory and Society*, 2000, 29(1), pp.93-124。对法团主义(corporatism)概念的讨论,参见 David Collier, "Trajectory of a Concept: 'Corporatism' in the Study of Latin American Politics", in Peter Smith, ed., *Latin America in Comparative Perspectives*, Westview Press, 1995。对合法性(legitimacy)概念的讨论,参见 Jinghan Zeng, "The Debate on Regime Legitimacy in China: Bridging the Wide Gulf Between Western and Chinese Scholarship", *Journal of Contemporary China*, 2014, 23(88), pp.612-635。国内学者对重要政治学概念的讨论,比如,袁超:《政治衰败概念的分析与重构》,《国外理论动态》2015 年第 2 期。

以及对定义选择原因说明的缺失。在研究和写作中，都应该更加重视对已有定义的梳理以及对选择定义的正当性的主动讨论。

第三节 测量的效度

实证主义以及行为主义方法论对概念的定义方法产生了较大影响，政治科学研究的客观性要求从观察和描述概念的经验特征入手把握概念的经验含义。民主概念从一种理性主义的、乌托邦的和理想主义的转变为经验的、描述的、制度的和程序性的定义就是一个很好的例子①。大多数学者认为一个好的概念是能够被操作化形成具体的测量指标的。概念形成之后需要对其进行测量，包括操作化（operationalize），即形成具体的测量指标以及赋值过程。比如，国内生产总值是测量经济发展水平最常使用的指标、基尼系数用来测量经济发展平等程度、第四代政体指数（Polity IV）是衡量国家民主程度的主要测量指标等。虽然有的学者将操作化看成是与概念形成相独立的过程，比如阿德科克和科利尔，有的学者则认为具体测量指标就是概念的一部分，比如约翰·吉尔林和加里·戈尔兹，他们都不否认概念内涵与测量指标保持一致的重要性。下面讨论测量指标的效度以及在保证概念内涵与测量指标一致性（consistency）中需要注意的一系列问题。

阿德科克和科利尔提出与测量相关的三类效度：内容效度（content validity）、标准关联效度（criterion validity）和建构效度（construct validity）②。内容效度主要指测量指标是否完整且准确

---

① 具体参见肖滨：《政治科学的概念阐释与引入过程》，载郭正林、肖滨主编：《规范与实证的政治学方法》，广东人民出版社 2003 年版，第 161—170 页。
② Robert Adcock, and David Collier, "Measurement Validity: A Shared Standard for Qualitative and Quantitative Research", *American Political Science Review*, 2001, 95(3), pp.529-546.

地衡量了概念中的核心内涵要素,指标中有没有遗漏重要的概念内涵,有没有将与概念内涵无关的要素包括进来;标准关联效度指测量指标应该与测量概念的其他指标高度相关,而与不同概念的测量指标有较低的相关性;建构效度适用于存在一个为大家广泛接受的因果假设的前提下,测量指标在与假设中其他变量的测量一起运用时是否支持这个因果假设,如果支持,则认为有较高的建构效度。

如何保证指标在不同情境下的同质性以及赋分加总方法与概念结构的一致性是被经常讨论的两个问题。在不同情境下同一个指标衡量的内涵往往有较大区别。最常被引用的一个例子就是加入政党(party membership)在许多国家都是衡量政治参与的一个合理指标,但是在美国由于党籍获取过程的特殊性,党员注册数量并不能有效测量美国民众的政治参与程度。换句话说,在不同的情境下,用同一个测量指标会出现不同的测量偏误。值得指出的是,随着信息时代的到来,媒体报道成为数据的一个重要获取渠道,但用媒体报道作为测量指标时需要格外谨慎,尤其需要仔细考虑媒体报道数量在多大程度上能反映出某类事件(比如群体性事件和腐败)发生的真实频率,而不是媒体的因素,比如媒体自身的报道倾向及新闻市场的差异和变化等。除了测量指标的情境因素,测量指标如何加总来反映出概念的结构也是值得注意的问题。比如,戈尔兹犀利地指出,现有关于民主的概念都是用"充分且必要条件"的逻辑,但是在具体测量上,却采用将民主不同的内涵维度简单加总或取平均值的方式,这两者之间存在不一致,他建议采用指标相乘还不是相加来反映民主的概念结构。

约翰逊·西莱特(Jason Seawright)和科利尔以测量民主概念为例总结了四种检验测量效度的传统,分析了各自的优点和缺点(如表 2-2 所示),并用已有研究举例说明如何综合使用这四种传统得出在测量民主概念时用连续变量比用二元变量效度更高[1]。

表 2-2 四种检验测量效度的传统

	测量层次	包含潜变量的结构方程模型	实用传统	基于案例的传统
主要内容及贡献	关注指标测量层次,即在测量中到底是用定类、定序、定距还是定比变量及如何在不同层次中转换	运用多个指标和关于描述及因果关系的前提性假设来降低测量误差	首先关注指标的实际运用,其次才关注测量层次等其他内容	基于对一个或少数几个案例的深度分析和细节信息来评价测量及指标是否可信
代表性工具	哥特曼量表;Rasch 模型;项目反应理论(item-response theory)	包含潜变量的结构方程模型;因子分析(factor analysis);项目反应理论	指标之间的相关性;ALSOS 回归;多维尺度分析;编码者间信度(intercoder reliability)	分析某个案例在指标上的赋值是否符合背景的和历史的知识
运用举例	科皮奇和莱尼克(Coppedge, and Reinicke, 1990)[1]以及贝克和科伊塞尔(Baker, and Koesel, 2001)[2]用定类数据形成对政体的定序测量	博伦(Bollen, 1993)[3];博伦和帕克斯顿(Bollen, and Paxton, 2000)[4]	埃尔金斯(Elkins, 2000)[5]评价其他竞争性测量的建构效度	鲍曼、勒乌克和马奥尼(Bowman, Lehoucq, and Mahoney, 2005)[6]用中美洲的案例重新评价跨国指标
批评	测量层次有时可能在统计和因果推断中并不重要	模型中前提性假设的复杂性及无法验证	忽视了测量指标与概念之间的联系	指标的评价和修正受到案例的限制和影响

---

[1] Kenneth Bollen, "Political Democracy: Conceptual and Measurement Traps", *Studies in Comparative International Development*, 1990, 25, pp.7-24; Kenneth Bollen, and Robert Jackman, "Democracy, Stability, and Dichotomies", *American Sociological Review*, 1989, 54, pp.612-621.

注：1. Michael Coppedge, and Wolfgang Reinicke, "Measuring Polyarchy", *Studies in Comparative International Development*, 1990, 25, pp.51-72.

2. Peter Baker, and Karrie Koesel, "Measuring 'Polyarchy Plus': Tracking the Quality of Democratization in Eastern Europe", presented at annual meeting of the American Political Science Association, San Francisco, CA, 2001.

3. Kenneth Bollen, "Liberal Democracy: Validity and Method Factors in Cross-National Measures", *American Journal of Political Science*, 1993, 37, pp.1207-1230.

4. Kenneth Bollen, and Pamela Paxton, "Subjective Measures of Liberal Democracy", *Comparative Political Studies*, 2000, 33, pp.58-86.

5. Zachary Elkins, "Gradations of Democracy? Empirical Tests of Alternative Conceptualizations", *American Journal of Political Science*, 2000, 44, pp.287-294.

6. Kirk Bowman, Fabrice Lehoucq, and James Mahoney, "Measuring Political Democracy: Case Expertise, Data Adequacy, and Central America", *Comparative Political Studies*, 2005, 38, pp.939-970.

资料来源：Jason Seawright, and David Collier, "Rival Strategies of Validation: Tools for Evaluating Measures of Democracy", *Comparative Political Studies*, 2014, 47(1), p.113。

研究问题、概念和测量都是在开展研究的早期需要仔细思考的问题。由于与具体研究方法相比，缺少一些固定的指导规则，其受关注和被讨论程度并没有与其重要性相匹配。然而，最近几十年在政治学研究设计上的讨论，包括类型学研究对概念形成和完善测量的积极作用等[1]，已经加深了我们对概念和测量方面的认识，同时在需要注意的问题以及具体应对策略上形成了一定程度的积累。在研究和具体写作中，对这些方面的讨论应该更加自觉和主动。

---

[1] David Collier, Jody LaPorte, and Jason Seawright, "Putting Typologies to Work: Concept Formation, Measurement, and Analytic Rigor", *Political Research Quarterly*, 2012, 65(1), pp.217-232; David Collier, Jody LaPorte, and Jason Seawright, "Typologies: Forming Concepts and Creating Categorical Variables", in Box-Steffensmeier, Henry Brady, and David Collier, eds., *The Oxford Handbook of Political Methodology*, Oxford University Press, 2008, pp.152-173.

第三章
案例分析与案例选择中的权衡

> 虽然我们关于世界的很多知识都来源于案例研究,但是案例分析作为一种方法往往被忽视——因为我们缺乏对其的理解。
>
> ——约翰·吉尔林*

案例分析(case study)是应用范围非常宽泛的定性研究方法之一。最早的案例分析要追溯到1829年法国工程师、社会学家、经济学家弗雷德里克·勒普莱(Frederic Le Play)对矿工家庭收支的研究[①]。之后,案例分析的方法逐渐推广应用到教育学、社会学、政治学等诸多领域。具体就政治科学来说,不同子领域对案例分析的运用存在较大差异。对政治科学10份顶级期刊发表文章的统计发现:2000年,在比较政治学及国际关系研究中仍有超过40%的研究运用案例分析,而在美国政治学的研究中,该比例仅为1%;1975~2000年,国际关系研究中运用案例分析的比例从60%逐渐下降到45%;而在比较政治学研究中,1975~1985年该比例

---

* John Gerring, *Case Study Research: Principles and Practices*, Cambridge University Press, 2007, p.8.

① 关于弗雷德里克·勒普莱对研究方法的贡献,可参见 Mary E. Healy, "Le Play's Contribution to Sociology: His Method", *The American Catholic Sociological Review*, 1947, 8(2), pp.97-110。

从45%下降到30%,接下来十几年又逐渐恢复到40%的水平①。1991～2010年,比较政治学权威期刊《比较政治学研究》发表文章中案例分析所占比例由80%下降到不到40%,而《比较政治》期刊2006年前该比例仍高达90%,直到2006年后才下降到60%②。对过去几十年案例分析在政治学领域运用情况的简单回顾不难看出,在研究方法逐渐多元化和定量研究逐渐占据主流的情况下,案例分析仍然是政治学研究中非常重要的方法。近些年,围绕着如何更加科学严谨地运用案例分析方法,政治学家们展开了丰富的讨论。本章旨在梳理这些讨论中达成的共识和尚存的分歧,以便研究者更有效地运用案例分析和案例比较来推动理论的研究。

第一节 基本概念

什么是案例?对这个看似简单的问题,不同学者的回答各异。哈里·埃克斯坦(Harry Eckstein)将案例定义为一种现象并且在研究这个现象时对任何相关变量只使用单一的测量③。亚历山大·乔治和安德鲁·班尼特则将其定义为一类事件中的例子④。另一部分学者将案例定义为在某个时间段或时间点观察到的在空

---

① Andrew Bennett, Aharon Barth, and Kenneth Rutherford, "Do We Preach What We Practice? A Survey of Methods in Political Science Journals and Curricula", *PS: Political Science and Politics*, 2003, 36(3), pp.373-378.

② Cai Zuo, "Scaling Down: Subnational Comparative Case Studies in Comparative Politics and Chinese Politics", *European Political Science*, 2015, 14, pp.318-339.

③ Harry Eckstein, "Case Study and Theory in Political Science", in Fred Greenstein, and Nelson Polsby, eds., *The Handbook of Political Science: Strategies of Inquiry* (Vol.7), Addison-Wesley, 1975, pp.79-137.

④ Alexander George, and Andrew Bennett, *Case Studies and Theory Development in the Social Sciences*, MIT Press, 2005.

间上有界定的现象①。根据研究问题的不同,案例可以是客观存在的地理单位,比如,国家或亚国家单位,也可以是根据现有理论主观构建出来的,比如,研究对象为工业社会或恐怖组织。在定义并选择相应案例时需要根据现有理论来构建其特征使之与其他组织结构相区别,这种情况下的案例在一定程度上是主观构建的结果,并且随着研究的推进将不断地对案例的定义和选择作出调整②。需要指出的是,即便是主观构建,任何案例都应在时间和空间上有明确边界。

对于什么是案例分析,学者的定义虽有细微差别但存在较多共识。案例分析包括下面这些特征:(1)将某个现象进行深入(thick and in-depth)的考察;(2)考察时重视这个现象存在和发生的客观情境(real-life context)及案例本身的特殊性;(3)运用多角度多类数据对现象的复杂性进行剖析;(4)运用的数据主要为历史的、人类学的、过程追踪的,而非实验的或民意调查类数据;(5)分析目的包括提高对案例母体(population)的理解及发展相应理论③。对研究深入的要求决定了案例分析只关注少数几个案例。约翰·吉尔林简洁地将案例分析定义为针对一个案例开展的旨在加深对案例母体理解的精细(intensive)的分析④。部分学者认为,案例分析严格来说并不是一种研究方法,而是一种设计框

---

① John Gerring, *Case Study Research: Principles and Practices*, Cambridge University Press, 2007.

② 更多的对什么是案例的讨论,可参见 Charles Ragin, and Howard Becker, eds., *What is A Case? Exploring the Foundations of Social Inquiry*, Cambridge University Press, 1992。

③ John Gerring, *Case Study Research: Principles and Practices*, Cambridge University Press, 2007; Helen Simons, *Case Study Research in Practice*, Sage, 2009; Robert Yin, *Case Study Research: Design and Methods*, 4th edition, Sage, 2009.中文介绍案例分析方法的文章,可参见彭兴业:《比较政治学研究中的个案方法探析》,《政治学研究》1998 年第 2 期;王丽萍:《比较政治研究中的案例、方法与策略》,《北京大学学报(哲学社会科学版)》2013 年第 6 期;陈刚:《个案研究在比较政治中的应用及其意义》,《社会科学战线》2014 年第 5 期。

④ John Gerring, *Case Study Research: Principles and Practices*, Cambridge University Press, 2007, p.20.

架。案例分析可以仅使用和分析定性数据,也可以将定量和定性方法相结合,甚至可以完全采用定量数据进行分析①。

根据不同的分类标准,案例分析可划分为不同类型。依据研究目的,案例分析可分成解释型、评价型、讲故事型、探索型②,或是构建理论型、检验理论型、修正理论型等③;从运用案例数量来看,包括单案例分析和多案例分析④。

与定量研究方法相比,案例分析在以下方面具有比较优势:(1)发现和形成新的概念、假设或理论;(2)准确测度概念,保证内部测量效度;(3)考察因果机制;(4)揭示和分析复杂的因果关系,包括多因一果(equifinality)、必要或充分条件等;(5)开展类型学研究⑤。约翰·吉尔林进一步强调当研究对象母体异质化程度比较高,或是因果关系较强较容易被发现时,更适合使用案例分析⑥。

《社会学词典》(*Dictionary of Sociology*)对"案例分析"词条

---

① Helen Simons, "Case Study Research: In-Depth Understanding in Context", in Patricia Leavy, *The Oxford Handbook of Qualitative Research*, Oxford University Press, 2014, pp.455-470.

② Robert Stake, *The Art of Case Study Research*, Sage, 1995; Harry Eckstein, "Case Study and Theory in Political Science", in Fred Greenstein, and Nelson Polsby, eds., *The Handbook of Political Science: Strategies of Inquiry*, Addison-Wesley, 1975, pp.79-137; Alexander George, and Andrew Bennett, *Case Studies and Theory Development in the Social Sciences*, MIT Press, 2004.

③ David de Vaus, *Research Design in Social Research*, Sage, 2001; Jack Levy, "Case Studies: Types, Designs, and Logics of Inference", *Conflict Management and Peace Science*, 2008, 25, pp.1-18; Thomas Gary, "A Typology for the Case Study in Social Science Following a Review of Definition, Discourse, and Structure", *Qualitative Inquiry*, 2011, 17(6), pp.511-521; Ingo Rohlfing, *Case Studies and Causal Inference: An Integrative Framework*, Palgrave Macmillan, 2012.

④ 对案例分析的不同分类总结,可参见 Thomas Gary, "A Typology for the Case Study in Social Science Following a Review of Definition, Discourse, and Structure", *Qualitative Inquiry*, 2011, 17(6), pp.511-521。

⑤ John Gerring, *Case Study Research: Principles and Practices*, Cambridge University Press, 2007; Alexander George, and Andrew Bennett, *Case Studies and Theory Development in the Social Sciences*, MIT Press, 2005.

⑥ John Gerring, *Case Study Research: Principles and Practices*, Cambridge University Press, 2007.

有如下解释①:

> 案例分析为对一类现象中的某个例子进行深入细致的考察,它不能对宽泛的这类现象提供可靠的信息,但是案例分析在研究的前期比较有用,便于提出假设。这些假设可以在接下来多案例的研究中进行检验……案例分析与定量分析相比,可能更容易获取丰富的信息和细节知识,但是研究往往缺乏普遍性(generalizability)。

除了缺乏普遍性,案例分析其他方面的比较劣势在于:(1)检验理论;(2)测量因果效应的大小;(3)容易出现案例选择偏差(selection bias)。部分学者认为这些观点是对案例分析方法的误解,通过策略性地选择案例完全可以有效规避这些缺点②。

对案例选择的重视可追溯到早期开展案例分析的社会学家弗雷德里克·勒普莱及弗洛里安·兹纳涅茨基(Florian Znaniecki)。在政治科学领域,最早系统阐述案例分析和案例选择的研究距今也已超过40年③。迄今,在如何选择案例方面展开了大量的讨论,积累了丰富的知识。

第二节 关于选择偏差的争论

KKV提出:有偏选择被解释变量值(select on dependent

---

① Nicholas Abercrombie, Stephen Hill, and Bryan Turner, *Dictionary of Sociology*, 5th edition, Penguin Books, 2006, p.45.

② Robert Stake, *The Art of Case Study Research*, Sage, 1995; Flyvbjerg Bent, "Five Misunderstandings about Case-Study Research", *Qualitative Inquiry*, 2006, 12(2), pp.219-245.

③ Harry Eckstein, "Case Study and Theory in Political Science", in Fred Greenstein, and Nelson Polsby, eds., *The Handbook of Political Science: Strategies of Inquiry*, Addison-Wesley, 1975, pp.79-137.

variable)会导致低估解释变量的影响效应;而有偏选择解释变量不会导致这种偏差,因此在案例选择中,研究人员应该避免有偏选择被解释变量值[①]。换句话说,研究中一定要保证研究样本在被解释变量值上存在尽可能大的差异。有偏选择被解释变量值包括最极端的情况,即样本中被解释变量只有一个值,以及比较温和的情况,即被解释变量值存在变化,但是仅包含部分差异。KKV从统计的角度分析了有偏选择被解释变量会导致在分析中出现系统偏差。

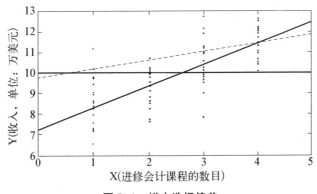

图 3-1 样本选择偏差

资料来源:[美]加里·金、[美]罗伯特·基欧汉、[美]悉尼·维巴:《社会科学中的研究设计》,陈硕译,上海人民出版社 2014 年版,第 127 页。

如图 3-1 所示,如果只截取被解释变量大于某值(比如 10)的观察值构成研究样本,在进行回归分析时,估计出的拟合线(虚线)的斜率小于真实拟合线(实线)的斜率,即低估了解释变量 X 的参数估计(影响效应)。在论述中,KKV 通过一些研究实例佐证了有偏选择被解释变量值在研究中引起的问题。比如,迈克尔·波特(Michael Porter)在研究当代行业及企业成功原因的书中,仅

---

① Gary King, Robert Keohane, and Sidney Verba, *Designing Social Inquiry: Scientific Inference in Qualitative Research*, Princeton University Press, 1994.

选择了"那些已经在本行业拥有竞争优势的企业,及在韩国和新加坡两国中已经有迹象表明即将获得竞争优势的企业"①。由于在研究中缺乏对照组,即不成功的行业及企业,因此,无法确定那些他认为会带来竞争优势的因素是否在其他案例中导致竞争失败。

选择偏差是推论中的主要挑战之一,最早由获得诺贝尔经济学奖的经济学家詹姆斯·赫克曼(James Heckman)系统阐述②。其实早于KKV的著作,已经有政治学家考察了样本选择偏差,包括有偏选择被解释变量值在研究中导致的问题③。在比较政治学领域引起广泛讨论的是芭芭拉·格迪斯(Barbara Geddes)在1990年发表的文章,通过改变案例的选择,她发现一些比较政治学经典研究的结论将发生较大变化④。她重新考察了发展中国家的经济奇迹和西达·斯考切波关于国家和社会革命的研究。由于在解释发展中国家经济增长时,较多的研究者只选择经济发展成功的案例,比如中国台湾地区、韩国、新加坡、巴西和墨西哥,继而得出对劳工组织及活动的压制有助于经济增长这一结论。然而,如果在样本中加入其他经济发展并不成功的发展中国家,则无法发现劳工压制与经济增长的正相关关系。同样地,在重新考察西

---

① Michael Porter, *The Competitive Advantage of Nations*, Free Press, 1998, p.22.

② James Heckman, "The Common Structure of Statistical Models of Truncation, Sample Selection and Limited Dependent Variables and a Simple Estimator for Such Models", *The Annals of Economic and Social Measurement*, 1976, 5, pp.475-492; James Heckman, "Sample Selection Bias as a Specification Error", *Econometrica*, 1979, 47(1), pp.153-161; James Heckman, "Varieties of Selection Bias", *The American Economic Review*, 1990, 80(2), pp.313-318.

③ Christopher Achen, *The Statistical Analysis of Quasi-Experiments*, University of California Press, 1986; Christopher Achen, and Duncan Snidal, "Rational Deterrence Theory and Comparative Case Studies", *World Politics*, 1989, 41, pp.143-169; Barbara Geddes, "How the Cases You Choose Affect the Answers You Get: Selection Bias in Comparative Politics", *Political Analysis*, 1990, 2, pp.131-150.

④ Barbara Geddes, "How the Cases You Choose Affect the Answers You Get: Selection Bias in Comparative Politics", *Political Analysis*, 1990, 2, pp.131-150.

达·斯考切波关于革命的研究时,芭芭拉·格迪斯认为她忽视了遭受到外部威胁但没有发生革命的案例,通过补充其他相关案例,扩大样本量,在保证满足精英层分裂以及农民的团结和自主性条件的情况下,芭芭拉·格迪斯并没有发现外部军事威胁与革命之间的联系①。

芭芭拉·格迪斯和 KKV 的研究一经发表,立即引起了关于倾向性案例研究(deliberate case study)合理性的讨论。罗纳德·罗戈斯基(Ronald Rogowski)在肯定 KKV 的贡献的同时,运用五个比较政治学经典的研究来显示在被解释变量值上缺乏变化的单案例研究可以对理论尤其在探求因果链条和过程方面作出较大贡献;同时,分析一些异常案例,比如根据现有理论应该最有可能发生某种现象但却没有发生的案例,可以帮助证伪既有理论②。

大卫·科利尔认为 KKV 的建议并不是从高级定量方法中产生的新见解,只不过是重复了一直存在的关切:定性研究应从理论和方法的角度更加留心案例的选择。针对 KKV 提出的"当样本中被解释变量只有某个特定值,研究者无法确定任何被解释现象背后的原因"的说法,大卫·科利尔提出了三点反驳:(1)约翰·密尔创造的"契合法"即是通过研究只有某种现象存在的样本,发现哪些因素并不是导致该现象发生的必要条件,这在找寻原因的过程中帮助研究者排除了一些选项;(2)研究者可以在案例

---

① Barbara Geddes, "How the Cases You Choose Affect the Answers You Get: Selection Bias in Comparative Politics", *Political Analysis*, 1990, 2, pp.131-150.

② 参见 Ronald Rogowski, "Review: The Role of Theory and Anomaly in Social-Scientific Inference", *The American Political Science Review*, 1995, 89(2), pp.467-470;对罗纳德·罗戈斯基批评的回应,参见 Gary King, Robert Keohane, and Sidney Verba, "The Importance of Research Design", in Henry Brady, and David Collier, eds., *Rethinking Social Inquiry: Diverse Tools, Shared Standards*, Rowman & Littlefield Publishers, 2010, pp.111-122. 罗纳德·罗戈斯基提到的异常案例(anomaly)类似于埃克斯坦提出的最大可能案例(most-likely cases)及约翰·吉尔林的关键案例(crucial case)。

研究中运用"最大差异案例比较"的设计,即选择都发生了某种现象但在其他方面有较大差异的若干案例来辨识现象背后的原因;(3)即便样本中的被解释变量值没有变化,研究者也可以采用詹姆斯·弗尔伦提倡的反事实分析在被解释变量值上引入差异[1]。同时,有偏选择被解释变量的危险除了低估核心解释变量的影响效应之外,也有可能高估一些特殊因素(idiosyncratic factors)的影响效应[2]。

大卫·科利尔和詹姆斯·马奥尼对芭芭拉·格迪斯1990年的文章除了一些技术性的回应外,指出了大家在批评有偏选择被解释变量时忽视的一个重要问题:理论涉及的范围(domain)[3]。以西达·斯考切波关于国家和革命的研究为例,书中明确指出她的研究目的不是建立一套关于革命的统一理论,而是仅限于富裕的、在政治上有雄心但没有被殖民过的农业国家,在其他类型的国家中,西达·斯考切波认为革命发生的因果模式将不同。因此,芭芭拉·格迪斯在检验时加入的若干国家案例,都不属于西达·斯考切波研究适用的范围,随之而来的批评自然不合理。大卫·科利尔和詹姆斯·马奥尼建议在分析某项研究有没有犯选择偏差之前,应首先明确其研究问题和理论涉及的范围及适用的案例有哪些。迪翁·道格拉斯(Dion Douglas)认为,如果将芭芭拉·格迪斯和KKV评论的研究理解为寻找必要非充分条件的话,比如发展中国家经济发展的必要条件是什么,革命发生的必要

---

[1] David Collier, "Review: Translating Quantitative Methods for Qualitative Reserachers: the Case of Selection Bias", *American Political Science Review*, 1995, 89(2), pp.461-466.

[2] David Collier, James Mahoney, and Jason Seawright, "Claiming Too Much: Warnings about Selection Bias", in Henry Brady, and David Collier, eds., *Rethinking Social Inquiry: Diverse Tools, Shared Standards*, Rowman & Littlefield, 2004, pp.85-102.

[3] David Collier, and James Mahoney, "Insights and Pitfalls: Selection Bias in Qualitative Research", *World Politics*, 1996, 49(1), p.81.

条件是什么①,那么根据必要条件的定义,在研究中只选择发生了某现象的案例是再自然不过的合适策略。贾斯吉特·塞克宏(Jasjeet Sekhon)则对西达·斯考切波研究中的因果关系提出了两种不同的理解视角:如果把外部威胁和革命的联系看作确定性的(deterministic),那么芭芭拉·格迪斯的批评是中肯的;如果把这种联系只看成是一种概率上的关联,那么芭芭拉·格迪斯的数据其实支持了西达·斯考切波的观点②。

总的来说,部分政治学家坚持认为传统的"无差异研究",即被解释变量只有某个特定值的研究,有着重要的理论价值。KKV的批评夸大了问题的严重性,因为首先,这类研究的推理逻辑与定量分析有本质的区别,对因果过程链的关注或是将因果关系理解为必要或充分条件使得建立在概率相关性和比较逻辑上的样本选择偏差不具有适用性③;其次,在某些情况下,比如不清楚案例母体是什么,或者因果关系以必要条件的形式提出时,使用"无差异研究"是唯一可行和有效的;最后,通过有策略地选择一些案例,比如

---

① 在关于西达·斯考切波的研究到底是探讨革命发生的必然条件方面,学者之间存在分歧。迪翁·道格拉斯认为其主要是探讨革命发生的必要非充分条件,具体参见 Dion Douglas,"Evidence and Inference in the Comparative Case Study",*Comparative Politics*,1998,30(2),pp.127-145。而芭芭拉·格迪斯认为西达·斯考切波主要是在讨论必要且合在一起充分的条件(individually necessary and collectively sufficient conditions)。

② Jasjeet Sekhon,"Quality Meets Quantity: Case Studies, Conditional Probability, and Counterfactuals",*Perspectives on Politics*,2004,2(2),pp.281-293。

③ Alexander George, and Andrew Bennett, *Case Studies and Theory Development in the Social Sciences*, MIT Press, 2005, pp.22-25; David Collier, James Mahoney, and Jason Seawright,"Claiming Too Much: Warnings about Selection Bias",in Henry Brady, and David Collier, eds.,*Rethinking Social Inquiry: Diverse Tools, Shared Standards*, Rowman & Littlefield, 2004, p.96; Gary Goertz, and James Mahoney,"Case Selection and Hypothesis Testing",in Gary Goertz, and James Mahoney, *A Tale of Two Cultures: Quantitative Research in the Social Sciences*, Princeton University Press, 2014, pp.177-181; Andrew Bennett, and Colin Elman,"Qualitative Research: Recent Developments in Case Study Methods",*Annual Review of Political Science*,2006,9,pp.460-463。

关键案例,可以有效地检验和发展理论。

在转向讨论案例选择具体策略之前,值得提出的是,有偏选择解释变量只是选择偏差的类型之一,其他类型还包括在民意调查中需要特别注意的自选择偏差以及在运用历史数据时的选择偏差①。这些将在其他章节进一步讨论。

第三节 案例选择的不同策略

案例选择的策略取决于研究目的、因果模式及研究类型。对于大样本多观察值的定量研究来说,由于其研究目的是估计案例母体中解释变量的平均影响效应,因此强调随机选择案例,并保证样本中的解释变量和被解释变量值存在尽可能大的差异;而对小样本少观察值的定性研究来说,鲜少有研究者按照詹姆斯·弗尔伦和大卫·莱廷(David Laitin)的建议在案例研究时随机抽取案例,大多都是立意选取(purposive selection),即非随机选取案例②。接下来的部分将主要讨论在不同研究目的及因果模式下,

---

① 关于社会科学中选择性偏差问题的中文文献,可参见臧雷振、陈鹏:《选择性偏差问题及其识别》,《世界经济与政治》2015年第4期;臧雷振:《政治学研究方法:议题前沿与发展前瞻》,中国社会科学出版社2016年版,第三章"比较政治学研究选择性偏差规避探索"。

② 詹姆斯·弗尔伦和大卫·莱廷认为在定性研究中随机选择案例能有效防止研究人员故意挑选支持理论假设的案例(cherry-picking),具体参见 James Fearon, and David Laitin, "Integrating Qualitative and Quantitative Methods", in Jen Box-Steffensmeier, Henry Brady, and David Collier, eds., *Oxford Handbook of Political Methodology*, Oxford University Press, 2008, pp.756-776. 值得指出的是,他们关于内战的研究样本为25个国家。许多学者反对在小样本的定性研究中随机抽取案例的原因有四。(1)当研究对象为1个或若干个案例时,在案例母体中随机选择如此小数量的案例容易导致样本极端不具有代表性与极大的偏差,参见 John Gerring, "Techniques for Case Selection: A Response to Freedman", *QMMR Newsletter*, 2008, 6, pp.7-11; Gary King, Robert Keohane, and Siney Verba, *Designing Social Inquiry: Scientific Inference in Qualitative Research*, Princeton University Press,1994. (转下页)

定性研究案例选择的不同策略。

　　虽然定量统计分析已经成为政治科学的主流,但仍然存在大量有影响力的研究从必要和/或充分条件的角度来探求因果关系[①]。在开展这类研究,尤其是检验某种现象发生的必要或充分条件时,应该如何选择案例?许多学者给出了具体的建议[②]。具体说来,如果要检验原因 X 是不是结果 Y 发生的必要非充分条件,根据必要条件的定义,相关案例为在图 3-2 中 A 格和 B 格中的案例,即结果 Y 存在的案例,以此来考察是不是 Y 存在时,X 也一定存在,而 C 格和 D 格中的案例为不相关案例;如果要检验原因 X 是不是结果 Y 发生的充分非必要条件,根据充分条件的定义,相关案例为在图 3-2 中 A 格和 C 格中的案例,即原因 X 存在的案例,以此来考察是不是 X 发生时,结果 Y 也一定存在,而 B 格和 D 格中的案例为不相关案例。也有学者质疑这种观点,认为无

（接上页）(2) 在大样本定量研究中,选择方便样本（convenience sample）也比随机样本更普遍,随机产生的样本由于数据值缺失的问题,在外部效度和普遍性方面同样存在与方便样本同样多的不确定性,参见 David Freedman, "Do the N's Justify the Means?", *QMMR Newsletter*, 2008, 6, pp.4-6。(3) 如果研究目的是探求某种现象发生的必要条件,随机选择案例有可能导致遇到该现象都没有发生的案例,因此对研究也就没有意义,参见 Gary Goertz, "Choosing Cases for Case Studies: A Qualitative Logic", *QMMR Newsletter*, 2008, 6, pp.11-14。(4) 一些客观因素,比如语言、数据可得性、可否进入案例国家开展田野调查等,往往决定了研究中只能选择某些特定案例,参见 John Gerring, "Techniques for Case Selection: A Response to Freedman", *QMMR Newsletter*, 2008, 6, pp.7-11。

[①] 相关研究实例以及在探求因果关系时必要和/或充分条件的角度与概率相关性角度之间的相通性可参考 Jason Seawright, "Testing for Necessary and/or Sufficient Causation: Which Cases are Relevant?", *Political Analysis*, 2002, 10, pp.180-181。

[②] Charles Ragin, *Fuzzy-set Social Science*, University of Chicago Press, 2000; Bear Braumoeller, and Gary Goertz, "The Methodology of Necessary Conditions", *American Journal of Political Science*, 2000, 44, pp.844-858; Gary Goertz, and Harvey Starr, *Necessary Conditions: Theory, Methodology, and Applications*, Rowman and Littlefield, 2002; Dion Douglas, "Evidence and Inference in the Comparative Case Study", *Comparative Politics*, 1998, 30(2), pp.127-145; James Mahoney, "Strategies of Causal Inference in Small-N Analysis", *Sociological Methods and Research*, 2000, 28 (May), pp.387-424。

论是检验必要还是充分条件,每个格子中的案例都是相关的,都能为验证提供有用的信息①。

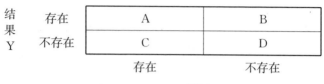

图 3-2 不同因果分布情况下的案例分类

来源:笔者自制。

关于逻辑推理中如何确定哪些案例相关,哪些案例无关,德国哲学家卡尔·亨佩尔(Carl Hempel)将其归纳为"乌鸦的悖论":支持"乌鸦都是黑的"这个假设的证据除了黑乌鸦之外,从逻辑上来说,所有"非黑亦非乌鸦"的东西也能支持这个假设。虽然直觉上,很多"非黑亦非乌鸦"的东西,比如白色的鞋子于证明"乌鸦是黑的"而言似乎并没有关联。在政治学的研究中,比如分析战争、革命、经济发展等重要现象背后原因时,需要区分哪些没有发生该现象的案例是消极案例(negative case),哪些是无关案例。消极例与无关案例的共同点在于都没有发生研究者感兴趣的现象;区别在于,前者对于证实或证伪因果关系仍有较大帮助,因而需要纳入考察之中,而无关案例对因果关系的探求没有作用应被排除在研究之外。那么在选择案例时,如何排除无关案例选择消极案例呢?詹姆斯·马奥尼和加里·戈尔兹提出了明确的指导原则——可能

---

① Jason Seawright, "Testing for Necessary and/or Sufficient Causation: Which Cases are Relevant?", *Political Analysis*, 2002, 10, pp.178-207; Carsten Schneider, and Ingo Rohlfing, "Combining QCA and Process Tracing in Set-Theoretic Multi-Method Research", *Sociological Methods & Research*, 2013, 42(4), pp.559-597; Kevin Clarke, "The Reverend and the Ravens: Comment on Seawright", *Political Analysis*, 2002, 10(2), pp.194-197; Bear Braumoeller, and Gary Goertz, "Watching Your Posterior: Comment on Seawright", *Political Analysis*, 2002, 10, 2, pp.198-203.

性原则,即研究人员只选择研究现象有发生可能性的消极案例。更具体地,存在与被解释变量正相关因素的案例为相关案例,这被称为包含规则(rule of inclusion);而存在能导致结果不发生因素的案例为无关案例,这被称为排除规则(rule of exclusion),当案例同时包括与被解释变量正相关因素和导致结果不发生的因素时,排除规则优先于包含规则①。

在选择案例时,除了考虑哪些案例相关,还需要选择具体案例展开研究。案例选择的策略大致可以分成三类:定量与定性相结合的策略、定性策略和比较时的策略。

一、定量与定性结合的策略

与定性策略不同,定量与定性结合的策略强调用定量结果指导案例的选择。比如,约翰·吉尔林对案例选择策略的分类和系统考察,他的逻辑出发点及对案例类型的定义都建立在定量的方法上(如表3-1所示)。这种策略主要服务于探讨 X 与 Y 的常规关联模式的因果推断。

用定量的方法操作化案例选择策略在一定程度上使得定义更加清楚、可执行,但在实际运用上有较大局限。大多数案例研究在开始时并没有一个明确的对案例母体的统计估计,有时甚至连案例母体都不能清晰界定,因而较难运用约翰·吉尔林的操作化建议。约翰·吉尔林在回应大卫·弗里德曼(David Freedman)的批评时也澄清:"我在书中想表达的是,在某些情况下,定量的技巧能

---

① James Mahoney, and Gary Goertz, "The Possibility Principle: Choosing Negative Cases in Comparative Research", *American Political Science Review*, 2004, 98(4), pp.653-669;对詹姆斯·马奥尼和加里·戈尔兹提出的"可能性原则"也存在批评,比如,在确定某个案例中研究现象发生存在可能性时,选择门槛值缺乏客观的统一标准,容易流于主观判断等。具体批评参见 David Freedman, and David Collier, *Statistical Models and Causal Inference*, Cambridge University Press, 2010, pp.105-114。

表 3-1 案例选择技巧

序号	案例类型	定义	操作方式	主要用途	代表性
1	典型案例（typical）	符合/反映某种关系的例子（一个或几个）	低残差案例（在回归拟合线上的案例）	检验理论	根据定义，典型案例具有代表性
2	多样性案例（diverse）	两个或更多案例涵盖核心解释变量（X_1）和被解释变量（Y）或解释变量与被解释变量关系（X_1/Y）上的所有不同值	多样性反映在：(1) X_1 或 Y 的标准差类型值；(2) X_1 或 Y 是连续变量（如果 X_1 和 Y 是连续性变量）；(3) 不同 X_1 和 Y 值的组合（比如：基于列联表、因素分析，或判别分析）	建立或检验理论	能够代表（完整反映）母体中的差异性
3	极端案例（extreme）	案例（一个或几个）的 X_1 或 Y 值为极端值	案例的 X_1 或 Y 值距离母体的 X_1 或 Y 的平均值较远	建立理论（开放性地探索）	只能通过与样本比较来考察
4	异常案例（deviant）	一个或几个偏离某种关系的例子（一个或几个）	高残差案例（偏离回归拟合线的案例）	建立理论（建立新的对 Y 的解释）	有可能在修正和发展新理论后，成为在回归拟合线上的案例
5	影响力案例（influential）	对回归估计有较大影响的案例，即如果改变案例的 X_1 值，回归结果发生较大改变	Hat 矩阵或 Cook 距离	检验理论（主要是用来支持既有理论）	由于其主要用途是支持既有理论，因此代表性在这不相关

续 表

序号	案例类型	定 义	操作方式	主要用途	代表性
6	关键案例（crucial）	最大可能及最小可能发生某个现象的案例	定性的评价	检验理论（证实或证伪）	可以通过检验相母体关系估计与预期代表性来估计代表性
7	路径案例（pathway）	可以确定 X，而不是其他解释变量，导致被解释现象的发生（Y=1）的案例	列联表（分类变量）或残差分析（连续变量）	检验理论（探索因果机制）	可以通过检验相关案例在估计时的残差来评价
8	最相似案例比较（most-similar cases）	除了关键解释变量外，在其他解释变量(X)上都相似的若干案例	匹配（matching）	建立或检验理论	可以通过检验相关案例在估计时的残差来评价
9	最大差异案例比较（most-different cases）	除了关键解释变量外，在其他解释变量(X)上都不同的若干案例	与最相似案例选择相反	建立或检验理论（排除假设中不确定性的原因）	可以通过检验相关案例在估计时的残差来评价

注：具体每个类型案例选择技巧的详细说明和举例，请见John Gerring, *Case Study Research: Principles and Practices*, Cambridge University Press, 2007, pp.91-144。运用统计指标和蒙特卡罗方法，有研究发现简单随机抽样、影响力案例及多样性案例策略要优于其他策略，参见Michael Herron, and Quinn Kevin, "A Careful Look at Modern Case Selection Methods", *Sociological Methods & Research*, 2016, 45(3), pp.458-492。关于Hat矩阵或Cook距离以及如何诊断影响方案，可参考Kenneth Bollen, and Robert Jackman, "Regression Diagnostics: An Expository Treatment of Outliers and Influential Cases", *Sociological Methods & Research*, 1985, 13(4), pp.510-542。

资料来源：John Gerring, *Case Study Research: Principles and Practices*, Cambridge University Press, 2007, pp.89-90。

有助于案例分析时的案例选择。"①比如,确定某个案例是否是关于某个理论的典型案例往往需要建立在大样本定量分析的结果上②。

在讨论如何将定量与定性方法有机结合开展比较分析时,埃文·利伯曼(Evan Lieberman)提出了嵌套分析法(nested analysis),即从定量分析开始,依据初步模型的契合程度决定接下来案例分析的目的及案例选择,以此来修正或验证模型③。这种用定量分析结果指导案例选择暗含较大风险。如果定量模型被错误识别,包括欠拟合(即遗漏了重要解释变量)或过拟合都会导致估计的残差有偏,而依据有误的残差自然无法准确辨识典型案例或异常案例,因此,更可靠的嵌套分析法应该从案例分析和过程追踪开始归纳和建立模型,然后再用定量方法估计和评价模型④。尼古拉斯·韦勒(Nicholas Weller)和杰布·巴纳斯(Jeb Barnes)提出了一个折中的方案,在探索因果机制和因果路径时,可先根据既有文献和理论确定某个解释变量(X)与被解释现象(Y)之间是否存在稳健的相关性及可能的因果机制,然后将大样本中 X 与 Y 的关系用图形展示出来,让数据可视化,并寻找 X 与 Y 之间不同的关联模式,然后根据这些信息选择合适案例进行对

---

① John Gerring, "Techniques for Case Selection: A Response to Freedman", *QMMR Newsletter*, 2008, 6, p.9。
② 具体例子可以参考 Philip Roessler, *Ethinic Politics and State Power in Africa: The Logic of the Coup-Civil War Trap*, Cambridge University Press, 2016。书中在大样本定量分析的基础上,将刚果(金)内战视为符合其理论的典型案例。
③ 具体在不同情况下的案例选择策略可参考 Evan Lieberman, "Nested Analysis as a Mixed-Method Strategy for Comparative Research", *The American Political Science Review*, 2005, 99(3), p.437。
④ Ingo Rohlfing, "What You See and What You Get: Pitfalls and Principles of Nested Analysis in Comparative Research", *Comparative Political Studies*, 2008, 41(11), pp.1492-1514。

照比较①。

二、定性策略

在定性研究中,研究人员经常选择有实质重要性的案例(substantively important cases),她们往往基于专业领域的发展积累及个人对案例的专业知识来判断哪些案例是重要的。比如,法国大革命由于其广泛深远的影响,被普遍认为是研究革命现象时重要的案例。任何关于革命的理论,如果不能很好地解释法国大革命,那么这个理论的价值将被质疑。与定量分析的假设不同,定性研究者认为并不是所有积极案例(positive cases)都拥有相同的理论贡献力,有一些案例更加重要,对理论发展的功用更大。同时,在选择案例时,出于对因果异质化的担心,定性策略强调研究中案例的多样性②,即选择不同的存在被解释现象($Y=1$)以及不同的存在核心解释变量($X=1$)的案例,以便发现 X 导致 Y 的各种路径及理论适用的边界条件(scope condition)。

即便在比较政治学越来越多地开展跨国比较和统计分析的趋势下,单案例研究仍具有重要意义,始终未被比较政治研究者抛弃③。在发展或检验理论时,政治学研究经常使用关键案例和异

---

① Nicholas Weller, and Jeb Barnes, "Pathway Analysis and the Search for Causal Mechanisms", *Sociological Methods & Research*, 2014, 45(3), pp.424-457; Nicholas Weller, and Jeb Barnes, *Finding Pathways: Mixed Method Research for Studying Causal Mechanisms*, Cambridge University Press, 2014.

② Gary Goertz, "Choosing Cases for Case Studies: A Qualitative Logic", *QMMR Newsletter*, 2008, 6, pp.11-14.

③ 关于单案例研究对比较政治学的价值和运用的总结,参见陈刚:《个案研究在比较政治中的应用及其意义》,《社会科学战线》2014 年第 5 期;也有学者总结了对中国乡土社会和村民自治开展的个案研究的思路,参见王敬尧:《政治学研究中的个案方法》,载郭正林、肖滨主编:《规范与实证的政治学方法》,广东人民出版社 2003 年版,第 176—188 页。

常案例。"关键案例"这一概念由哈里·埃克斯坦提出,后被约翰·吉尔林发展为"最大可能案例(most-likely cases)"和"最小可能案例(least-likely cases)"①。"最大可能案例"为根据相关理论最可能发生某类现象的案例,如果研究中发现预期的现象并不存在,那么就可有力地证伪某项理论;类似地,"最小可能案例"为根据相关理论,除了关键解释变量之外的其他变量值都表明发生某类现象的可能性最小,但如果研究中发现这类案例中预期的现象存在,那么就可支持关键解释变量与结果之间的联系。比如,在詹姆斯·斯科特关于马来西亚农民日常反抗的研究中,精心选择了穆达地区塞达卡村:"其优势恰恰在于它是一个难得的案例。假设有这样一个地区,绝大多数农村人口都比十年前生活得好,如果我们在这里看到了大量的阶级对抗行为,那么,我们就可以合情合理地推测,在东南亚其他以水稻种植为主的农业地区,也会存在大量的阶级对抗。"②这个逻辑与"最小可能案例"研究的逻辑类似。与"最大可能案例"相似,异常案例也主要用于证伪或修正发展某项理论③,这里的"异常"指的是不符合既有理论。比如,格哈德·洛温伯格(Gerhard Loewenberg)用20世纪60年代联邦德国的选举和政党制度质疑了比例代表制与多党制之间的关联④。通过分析为什么某个案例偏离了现有理论预期有助于发现既有理论的不完

---

① 参见 John Gerring, *Case Study Research: Principles and Practices*, Cambridge University Press, 2007, pp.89-90。其他学者也有考察并运用这种案例选择方法,比如 Bent Flyvbjerg, "Five Misunderstandings about Case-Study Research", *Qualitative Inquiry*, 2006, 12(2), pp.219-245。

② [美]詹姆斯·斯科特:《弱者的武器》,郑广怀等译,译林出版2011年版,第77页。

③ Jean Emigh, "The Power of Negative Thinking: The Use of Negative Case Methodology in the Development of Sociological Theory", *Theory and Society*, 1997, 26(5), pp.649-684.

④ Gerhard Loewenberg, "The Remaking of the German Party System", *Polity* 1(Fall), 1968, pp.86-113.其他用异常案例的研究包括:Richard Barrett, and Martin King Whyte, "Dependency Theory and Taiwan: Analysis of a Deviant Case",(转下页)

善之处,提出修正或新的假设。运用这些研究策略的前提是存在某项在一定程度上被认可的理论,同时这种用少数案例证实或证伪理论的策略更适合用在确定性逻辑的理论上[①],对于建立在概率关联逻辑上的因果关系,较难用某一个或几个案例来证实或证伪。

而在评价形式模型时,学者建议选择与模型假设(即边界条件)最符合的案例以及选择在解释变量或被解释变量上取特定值的案例来检验假设的机制是否存在。用这样的策略,研究者对比较政治学中关于再分配与政体转型关系以及国际政治领域观众成本(audience cost)的相关理论模型提出了挑战[②]。

在探索和分析因果机制的研究中,比如在过程追踪研究和贝叶斯推理逻辑下[③],单个案例有可能极大地更新某个假设成立的概率。为了检验某个机制是否存在,往往需要选择典型案例,但是在以机制为导向的研究中,典型案例不同于定量统计频率逻辑下的"回归线上"的案例。图3-3以经济发展和民主化的关系为例,在检验经济发展导致民主的机制这一研究目的下,阴影部分的案例4、案例5和案例6被认为是典型案例,其中,案例4是最小可能案例,案例6是最大可能案例;而案例3和案例7可以看作现代化理论的异常案例,可以用来建立非经济发展因素导致民主的机制。这再次凸显了对因果关系本质的理解如何影响案例

(接上页)*American Journal of Sociology*, 1982, 87(5), pp.1064-1089; Jean Emigh, "The Mystery of the Missing Middle Tenants: The 'Negative' Case of Fixed-Term Leasing and Agricultural Investment in Fifteenth Century Tuscany", *Theory and Society*, 1998, 27(3), pp.351-375。

① 参见 Stanley Lieberson, "Small N's and Big Conclusion", in Charles Ragin, and Howard Becker, eds., *What Is a Case?* Cambridge University Press, 1992, pp.105-108。

② Peter Lorentzen, Taylor Fravel, and Jack Paine, "Qualitative Investigation of Theoretical Models: The Value of Process Tracing", *Journal of Theoretical Politics*, 2016, DOI: 10.1177/0951629816664420.

③ 对贝叶斯推理逻辑的讨论,可参考本书第四章"过程追踪与比较历史分析"。

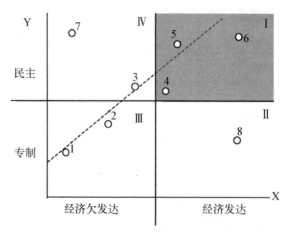

图 3-3 过程追踪中的案例选择

资料来源：Derek Beach, and Rasmus Brun Pedersen, *Process-Tracing Methods: Foundations and Guidelines*, The University of Michigan Press, 2013, p.149。

选择以及基于不同因果关系本质类型的研究在案例选择策略上的差异。

三、案例比较的策略

费孝通先生在回应单个农村能否概括中国农村整体状况时提道："中国各地的农村在地理和人文各方面的条件是不同的，所以江村不能作为中国农村的典型……但同时应当承认，它是个农村而不是牧业社区，它是中国农村而不是别国的农村……如果我们用比较方法将中国农村的各种类型一个一个地描述出来那么不需要将千千万万个农村一一地加以观察而接近于了解中国所有的农村了。"① 比较是社会科学中基本而普遍的研究方法。早期的政治

---

① 费孝通：《怎样做社会研究》，上海人民出版社 2013 年版，第 107—108 页。

科学家在考察案例分析时都讨论了案例比较①。对推理中"比较"逻辑的系统阐释大都追溯到英国哲学家约翰·密尔提出的契合法和间接差异法(indirect method of difference)②。经过一个多世纪的发展,比较分析极大地丰富和完善了这两种方法,以便更有效地寻找和辨识社会现象中纷繁复杂的因果关系。

虽然密尔、艾伦·李帕特等学者将案例分析视为与实验法不同的方法,但他们建议的案例比较策略与实验的逻辑高度一致。对照比较(controlled comparison)、最相似案例比较、可比较案例研究、配对比较(paired comparison)都强调选择在关键解释变量上不同而其他方面类似的案例,其实就是控制住其他因素,分离出关键解释变量的影响。这类似于实验中建立控制组和干预组,分离出"干预因素(intervention/treatment)"的作用③。约翰·吉尔林和罗斯·麦克德莫特(Rose McDermott)总结了近些

---

① 比如,Arend Lijphart,"Comparative Politics and the Comparative Method",*American Political Science Review*,1971,65(Sep.),pp.682-693；Arend Lijphart,"The Comparable-Cases Strategy in Comparative Research",*Comparative Political Studies*,1975,8(2),pp.158-177；Harry Eckstein,"Case Study and Theory in Political Science",in Fred Greenstein,and Nelson Polsby,eds.,*The Handbook of Political Science: Strategies of Inquiry*,Addison-Wesley,1975,pp.79-137；Adam Przeworski,and Henry Teune,*The Logic of Comparative Social Inquiry*,John Wiley,1970。虽然单案例研究与跨案例比较研究在一些方面存在差异,参见 John Gerring,*Case Study Research: Principles and Practices*,Cambridge University Press,2007,p.38,但在小样本的跨案例比较研究中,对每个案例都会进行深入细致的分析,研究重点也往往不是发现或验证某个解释变量的平均影响效应,因此跨案例定性分析自然属于案例分析的一种。

② 参见 John Stuart Mill,*A System of Logic: Ratiocinative and Inductive*,Vol.1,University of Toronto Press,1974。简单来说,契合法关注在被解释变量值上相同的案例,考察能否找到共同的原因；间接差异法则在运用契合法初步辨识了某个原因后,关注在被解释变量值上不同的案例,考察没有发生被解释现象的案例是否因为这个原因的缺失。这两种方法无法准确处理多因一果或不同原因之间有交互作用的情况。

③ 对照比较的讨论参见 Fred Eggan,"Social Anthropology and the Method of Controlled Comparison",*American Anthropologist*,1954,56(Oct.),p.748；配对比较参考 Sidney Tarrow,"The Strategy of Paired Comparison: Toward a Theory of Practice",*Comparative Political Studies*,2010,43,pp.230-259。

年运用类实验逻辑开展的案例比较类型,包括跨地区比较、跨时间比较、不同地区时期比较、反事实比较①。经典的类实验跨地区案例比较分析包括丹尼尔·波斯纳(Daniel Posner)对马拉维与赞比亚国界附近的切瓦人(Chewa)与汤布卡人(Tumbuka)种族关系的研究②。马拉维与赞比亚的这两个族群在历史传统、文化差异等方面都十分类似,但两个族群的关系在两国显著不同,作者通过深入考察案例,排除其他因素,将这种差异的原因归结为族群相较于国家总人口的规模及种族关系政治化程度的差异。

除了与实验方法的结合,案例研究方法的新发展还体现在QCA方法的发展,包括探索必要或充分条件这一类因果关系时怎么选择案例,以及如何在QCA后选择案例进行过程追踪研究,辨识因果机制③。表3-2列出了卡斯滕·施耐德(Carsten

---

① John Gerring, and Rose McDermott, "An Experimental Template for Case Study Research", *American Journal of Political Science*, 2007, 51(3), pp.688-701.

② Daniel Posner, "The Political Salience of Cultural Difference: Why Chewas and Tumbukas are Allies in Zambia and Adversaries in Malawi", *American Political Science Review*, 2004, 98(4), pp.529-545.

③ 对定性比较分析方法的介绍,参见 Charles Ragin, *Fuzzy-set Social Science*, University of Chicago Press, 2000; Charles Ragin, *The Comparative Method: Moving beyond Qualitative and Quantitative Strategies*, University of California Press, 2014; Carsten Schneider, and Claudius Wagemann, *Set-Theoretic Methods for the Social Sciences: A Guide to Qualitative Comparative Analysis*, Cambridge University Press, 2012. 简单来说,QCA采用布尔代数分析真值表,有助于类型学研究和探讨某种现象背后的必要/充分条件。关于如何在QCA后选择案例进行过程追踪研究及举例,可参考 Ingo Rohlfing, and Carsten Schneider, "Improving Research on Necessary Conditions: Formalized Case Selection for Process Tracing after QCA", *Political Research Quarterly*, 2013,66(1), pp.220-235; Carsten Schneider, and Ingo Rohlfing, "Combining QCA and Process Tracing in Set-Theoretic Multi-Method Research", *Sociological Methods & Research*, 2013, 42(5), pp.559-597. 对案例研究方法发展的总结,可参见 Andrew Bennett, and Collin Elman, "Qualitative Research: Recent Developments in Case Study Methods", *Annual Review of Political Science*, 2006, 9, pp.455-476.

Schneider)和英格·罗赫尔富林(Ingo Rohlfing)给出的具体建议[①]。他们的基本逻辑是：在初步的 QCA 之后，通过选择不同类型的案例进行比较，考察因果机制或是发现遗漏的必要或充分条件，更新真值表，重新进行一次 QCA，减少样本中被归为异常或不相关案例的数量。

表3-2　定性比较分析后(post-QCA)的案例比较与选择

	研究必要条件	研究充分条件
相同结果案例比较	比较不同的典型案例 目的：提出或检验关于因果机制的假设 比较典型案例和(一致性)异常案例 目的：寻找遗漏的必要条件	比较不同的典型案例 目的：提出或检验关于因果机制的假设
不同结果案例比较	比较典型案例和独立不相关案例 目的：提出或检验关于因果机制的假设	比较典型案例和(一致性)异常案例 目的：寻找遗漏的充分条件 比较(范围)异常案例和独立不相关案例 目的：更新真值表，寻找遗漏的充分条件

注："研究必要条件"列的案例类型参见图3-4；"研究充分条件"列的案例类型参见图3-5。
资料来源：Carsten Schneider, and Ingo Rohlfing, "Combining QCA and Process Tracing in Set-Theoretic Multi-Method Research", *Sociological Methods & Research*, 2013, 42(4), pp.559-597.

[①] 参见 Carsten Schneider, and Ingo Rohlfing, "Combining QCA and Process Tracing in Set-Theoretic Multi-Method Research", *Sociological Methods & Research*, 2013, 42(4), pp.559-597.

结果 Y	存在	典型案例	（一致性）异常案例
	不存在	不相关案例	独立不相关案例
		存在	不存在

初步 QCA 后辨识的必要条件 X

图 3-4　研究必要条件的案例类型

资料来源：同表 3-2。

结果 Y	存在	典型案例	（范围）异常案例
	不存在	（一致性）异常案例	独立不相关案例
		存在	不存在

初步 QCA 后辨识的充分条件 X

图 3-5　研究充分条件的案例类型

资料来源：同表 3-2。

第四节　案例选择与比较策略的运用

政治学各分支领域的研究都广泛运用了案例分析方法来推动理论发展。亚历山大·乔治和安德鲁·班尼特在他们著作的附录中总结了在国际关系、比较政治学以及美国政治学一些案例分析中的具体研究设计及其在理论上的贡献和问题[①]。早期经典的政治学研究，比如巴林顿·摩尔（Barrington Moore）关于民主和独裁的社会起源以及西达·斯考切波关于国家和革命的研究，都是在选择了有实质重要性的案例的同时强调案例选择的多样性和比较分析。近些年来，政治科学中的案例分析更加重视案例选择策

---

① Alexander George, and Andrew Bennett, *Case Studies and Theory Development in the Social Sciences*, MIT Press, 2005.

略的综合运用和对案例选择逻辑的清楚说明。

接下来用一项中国政治学的研究来举例说明不同案例选择策略的有机结合。1999~2002年,蔡晓莉(Lily Tsai)在山西、河北、福建、江西四省开展了20个月的田野调查,通过案例分析和问卷调查,考察了中国农村公共产品的提供情况。这四个省包括内地和沿海省份,有南方和北方的省份,在经济发展水平、历史及社会团体等方面都有较大的差异①。在案例分析部分,她综合运用了"最相似案例"比较和"最大差异案例"比较来发展其理论假设。作者在福建、河北、江西三省各选择了两个最相似的村。如表3-3所示,每个省的两个村在除了关键解释变量"团结群体(solidary groups)"之外都比较相似,但在被解释变量"政府公共产品提供"上却存在差异。从这三对"最相似案例"比较中可以得出结论:政府公共产品提供的差异主要源自有无"团结群体"的差异。"团结群体"指涵盖村里不同族群并且与政府结构重叠或者啮合的群众团体。根据既有理论,正式的民主制度(比如村委会选举质量)是影响政府公共服务的主要因素。通过选择在"村委会选举质量"上类似但在政府公共服务有差异的村,研究者有力地反驳了这一观点。除了"最相似案例"比较,研究者还比较了"最大差异案例",比如福建W村与河北Y村、江西L村,它们除了均有"团结群体"之外,在其他变量上都有较大差异,但政府公共服务都比较好,这进一步支持了"团结群体"与政府公共服务之间的联系。这种巧妙的设计大大提高了理论的说服力。接下来,蔡晓莉还运用了社会调查的大样本数据和计量方法进一步验证了这一理论假设。

---

① Lily Tsai, *Accountability without Democracy: Solidary Groups and Public Goods Provision in Rural China*, Cambridge University Press, 2007; Lily Tsai, "Quantitative Research and Issues of Political Sensitivity in Rural China", in Allen Carlson, Mary Gallagher, Kenneth Lieberthal, and Melanie Manion, eds., *Contemporary Chinese Politics: New Sources, Methods, and Field Strategies*, Cambridge University Press, 2010, p.248.

表 3-3 蔡晓莉研究中的案例比较

	福建 R 村	福建 W 村	河北 Y 村	河北 S 村	江西 H 村	江西 L 村
人均收入（元）	8 600 元	6 712 元	1 500 元	1 300 元	1 100 元	1 200 元
人口	3 200 人	3 900 人	367 人	352 人	3 000 人	4 000 人
2000 年政府财政收入	460 万元	100 万元	1 万元	1 万元	人均 126 元	人均 150 元
村委会选举质量	非常好	非常好	好	好	无选举	无选举
团结群体	无	有	有	无	无	有
政府公共产品提供	一般	非常好	好	差	差	好

注：为了避免翻译偏误，各村的名称取原书中的英文首字母。
资料来源：本表综合蔡晓莉书中三个表格而成，具体参见 Lily Tsai, *Accountability without Democracy: Solidary Groups and Public Goods Provision in Rural China*, Cambridge University Press, 2007, pp.199, 202, 203。

对"最相似案例"比较和"最大差异案例"比较的最系统阐述当属亚当·普沃斯基和亨利·特纳在 1970 年出版的比较政治学方法经典著作——《比较社会调查的逻辑》(*The Logic of Comparative Social Inquiry*)。这一方法被系统运用到关于欧洲国家两次世界大战期间民主制度的延续和崩溃的研究当中[1]。德

---

[1] Adam Przeworski, and Henry Teune, *The Logic of Comparative Social Inquiry*, John Wiley, 1970; Dirk Berg-Schlosser, and Gisèle De Meur, "Conditions of Democracy in Ten-War Europe: A Boolean Test of Major Hypothesis", *Comparative Politics*, 1994, 26, pp.253-279; Dirk Berg-Schlosser, and Gisèle De Meur, "Conditions of Authoritarianism, Fascism and Democracy in Inter-War Europe: Systematic Matching and Contrasting of Cases for 'Small N' Analysis", *Comparative Political Studies*, 1996, 29, pp.423-468.

克·博格-施洛瑟(Dirk Berg-Schlosser)和吉塞勒·德-默尔(Gisèle De Meur)在其研究设计中开展了三类比较:(1)在民主制度延续下来的国家中,精确地找出最不同案例之间的共性;(2)在政权崩溃的国家中,确认最不同的案例之间的共性;(3)最后比较民主崩溃的案例和延续的案例,识别出造成最相似的一对案例产生差异性结果的原因(一个延续的案例匹配一个相似的但崩溃了的案例)。

在关于中国政治的研究中,比较常见的案例比较策略有如下三类。第一类为控制对比策略,比如上面提到的蔡晓莉的研究,为什么有类似经济水平、地理因素和政治环境的邻近村在公共物品提供和公共服务方面存在差异?第二类为系统比较,比如威廉姆·赫斯特(William Hurst)在关于中国劳工政治的研究中,将中国划分成几大区域,每个区域代表一种类型,然后在每个类型中选择有代表性的案例[1];郑在浩(Jae Ho Chung)关注不同省份对待20世纪80年代农村改革的态度,先将所有省分成三类:积极响应者(pioneers)、观望者(bandwagoners)和抵制者(laggards),然后在这三类省份中选择典型省份进行进一步分析[2]。第三类策略则是基于差异的比较,学者并不追求研究的外部效度或选择的案例是否能代表总体,而是基于案例展现的差异来分类和发展理论[3]。

虽然仍有少部分学者提到案例分析在测量概念和提供描述性

---

[1] William Hurst, *The Chinese Worker after Socialism*, Cambridge University Press, 2009.

[2] Jae Ho Chung, *Central Control and Local Discretion in China: Leadership and Implementation during Post-Mao Decollectivization*, Oxford University Press, 2000.

[3] 运用该策略的研究包括:Kellee Tsai, *Back-Alley Banking: Private Entrepreneurs in China*, Cornell University Press, 2004; Susan Whiting, *Power and Wealth in Rural China: The Political Economy of Institutional Change*, Cambridge University Press, 2001; Peter T. Y. Cheung, Jae Ho Chung, and Zhimin Lin, *Provincial Strategies of Economic Reform in Post-Mao China: Leadership, Politics, and Implementation*, M. E. Sharpe, 1998。

知识上的优势,越来越多的讨论聚焦在怎样更好地运用案例分析方法,主要是怎么选择案例来促进因果推理和理论发展,但没有一种案例选择策略是适用于所有研究的。不同研究目的和因果模式下有效的案例研究策略也不同。在案例选择方面的争论,比如有偏选择被解释变量的研究设计是否合适,主要源自对因果关系的不同理解。

案例研究中需要关注的主要问题是如何避免选择偏差带来的推理偏误,比如韦伯关于新教伦理研究中潜在的内生性问题主要是因为样本选择偏差[1]。研究者在运用案例分析时应时刻注意案例选择可能带来的研究发现的局限性以及研究现象中潜在的因果异质化,包括多因一果、多种因果机制和路径导致同一结果的情况。

在分析和推理中,综合运用多种案例选择策略,从不同角度、运用不同数据来验证理论假设已经成为案例分析的常态。在具体写作中,研究者应该主动明确说明案例选择的逻辑和原因,这样的选择怎样有助于达到研究目的,以及可能的局限性等。这将更有利于读者评价该项案例分析的效度和结论的可信程度。最后,在案例研究的不同阶段研究人员需要反复思考的问题是:这究竟是一个关于什么的案例?这项案例研究涉及的理论到底是什么,可以辐射到其他哪些案例?

---

[1] Alexander George, and Andrew Bennett, *Case Studies and Theory Development in the Social Sciences*, MIT Press, 2005, p.291.

第四章
过程追踪与比较历史分析：严谨化趋势

> 总的来说，定性研究者对没有识别机制的研究都抱有怀疑。在定性传统中，如果机制是一个黑箱那么就意味着没有提供强有力的解释。
> ——加里·戈尔兹 & 詹姆斯·马奥尼[*]

过程追踪和比较历史分析都是聚焦因果机制开展因果推断的定性方法。对因果机制的关注和讨论给定性方法注入了新的生命力。然而，尝试将结构（structure）和主体行为（agency）进行联结的因果机制方法常常被批评为缺乏严谨性。大家都爱提机制，尤其在面临一些解释不清楚的方差时，但是在究竟什么是机制、机制能否被观察和测量、什么样的机制研究是好的等方面都缺乏共识[①]。过去二十年因果机制法的发展主要集中在提高其严谨性，在理解、测量和识别机制与关键节点（critical juncture），明晰机制

---

[*] Gary Goertz, and James Mahoney, *A Tale of Two Cultures: Qualitative and Quantitative Research in the Social Sciences*, Princeton University Press, 2012, pp.104-105.

[①] 对机制定义及性质等方面的讨论，可参见 Derek Beach, and Rasmus Brun Pedersen, *Process-Tracing Methods: Foundations and Guidelines*, The University of Michigan Press, 2013, pp.23-44; John Gerring, "Causal Mechanisms: Yes, But ...", *Comparative Political Studies*, 2010, 43（2）, pp.1499-1526; James Mahoney, "Beyond Correlational Analysis: Recent Innovations in Theory and Method", *Sociological Forum*, 2001, 16(3), pp.575-593; Jeffrey Checkel, "Process（转下页）

法的逻辑和进行因果推断的程序方面都有一些积累和发展。本章的目的在于梳理和评价这些发展。

过程追踪在20世纪六七十年代萌芽于美国认知心理学领域，主要指用来分析人的认知思维过程中间环节的一系列技术。1979年美国斯坦福大学的政治学家亚历山大·乔治将过程追踪借用到政治学领域，用来形容提供历史解释的单案例分析方法①。具体来说，乔治将过程追踪定义为"运用历史数据、档案文件、采访数据以及其他资料来检验理论假设的因果过程是否符合某个案例中事件发生顺序以及干预变量（intervening variable）的值"②。他的合作者班尼特认为，过程追踪与侦探工作存在类似之处，过程追踪主要是运用案例中的诊断式的信息来检验因果假设，这个方法的核心关注是因果过程中的时序以及机制③。因此，总的来说，可以将过程追踪定义为：通过关注过程、顺序以及不同事件之间的结合来发展或检验关于机制的假设的方法。与过程追踪类似，比较历史分析也关注时序与政治过程，但是比较历史分析还包括两个其他定义要素，关注大的、宏观的重要问题，比如国家建构、革命、政体选择、阶级关系等，并且是基于现实问题出发的案

（接上页）Tracing", in Audie Klotz, and Deepa Prakash, eds., *Qualitative Methods in International Relations: A Pluralist Guide*, Palgrave Macmillan, 2008；Peter Hall, "Tracing the Progress of Process Tracing", *European Political Science*, 2013, 12, 1, pp.20-30。对机制方法的困境，可参见 Zenonas Norkus, "Mechanisms as Miracle Makers? The Rise and Inconsistencies of the 'Mechanismic' Approach in Social Science and History", *History and Theory*, 2005, 44, pp.348-372。

① Andrew Bennett, and Jeffrey Checkel, *Process Tracing: From Metaphor to Analytic Tool*, Cambridge University Press, 2015, pp.5-7.

② Alexander George, and Andrew Bennett, *Case Studies and Theory Development in the Social Sciences*, MIT Press, 2005, p.6.

③ Andrew Bennett, "Process Tracing and Causal Inference", in Henry Brady, and David Collier, eds., *Rethinking Social Inquiry: Diverse Tools, Shared Standards*, Rowman & Littlefield, 2010, pp.207-219.

例比较研究①。由于过程追踪和比较历史分析都关注因果机制、过程以及时序,并且比较历史分析中经常使用过程追踪,因此在文中用因果机制法来指称这两种方法。

第一节 机制的定义与测量

对于"什么是机制"这个问题,前面在探讨因果关系的部分已经总结了不同的定义。总的来说,学者对机制的定义主要分为"中介变量"、一系列事件、和"实体—活动"三类(如表1-2所示)。学者对于机制是否可观察、具有普遍性、必然性以及是否只存在于微观层面这些方面依然存在争论②。对于认为机制是无法观察的学者来说,建立一套严谨的测量和识别机制的方法显然是没有必要的。但对于认为机制是可以观察的学者来说,

---

① 更多的关于比较历史研究的讨论,可参见 James Mahoney, and Kathleen Thelen, eds., *Advances in Comparative-Historical Analysis: Strategies for Social Inquiry*, Cambridge University Press, 2015; James Mahoney, and Dietrich Rueschemeyer, *Comparative Historical Analysis in the Social Sciences*, Cambridge University Press, 2003; James Mahoney, "Comparative-Historical Methodology", *Annual Review of Sociology*, 2004, 30, pp.81-101。国内对比较历史研究的介绍和讨论,可参考朱天飚:《比较政治经济学与比较历史研究》,《国家行政学院学报》2011年第2期;郦菁:《历史比较视野中的国家建构——找回结构、多元性并兼评〈儒法国家:中国历史的新理论〉》,《开放时代》2016年第5期;李月军:《比较历史分析视野下政治秩序的起源、变迁与终结——评福山的〈政治秩序的起源〉》,《国外理论动态》2013年第7期;陈那波:《历史比较分析的复兴》,《公共行政评论》2008年第3期;赵鼎新:《在西方比较历史方法的阴影下——评许田波〈古代中国和近现代欧洲的战争及国家形成〉》,《社会学研究》2006年第5期;在中国政治学中运用比较历史方法的研究,比如 Elizabeth Perry, "Rural Violence in Socialist China", *The China Quarterly*, 1985, 103, pp.414-440。

② Derek Beach, and Rasmus Brun Pedersen, *Process-Tracing Methods: Foundations and Guidelines*, The University of Michigan Press, 2013, pp.23-44; John Gerring, "Causal Mechanisms: Yes, But ...", *Comparative Political Studies*, 2010, 43(2), pp.1499-1526; Peter Hedstrom, and Petri Ylikoski, "Causal Mechanisms in the Social Sciences", *Annual Review of Sociology*, 2010, 36, pp.49-67。

怎么测量和识别机制是一个需要认真对待的问题。

在政治学领域,抗争政治学是对机制挖掘得最系统的研究领域之一。学者分析和归纳了政治抗争的不同机制,比如动员(mobilization)、框架(framing)和扩散(diffusion)机制等[1]。在抗争政治学中,机制往往被理解为一系列经常出现的能改变某些因素之间关系的事件或变化[2]。《抗争的动力》(*Dynamics of Contention*)的作者们认为,至少存在四种方法来测量他们提出的机制,这四种方法分别为用系统事件分析的直接测量法、用田野人类学方法的直接测量法、用统计指标的间接测量法以及用田野人类学方法的间接测量法。比如,在测量抗争规模升级(upward scale shift)以及抗争政治中的具体机制时,作者们从报纸杂志以及议会文件中收集了 1758~1834 年发生在英国和伦敦的 8 088 次抗争集会(contentious gathering)的信息,对这些报道和信息中出现动词以及诉求提出人和请求对象(object of claims)等进行分析。比如动词"攻击"频率的增加显示了极化(polarization)和对立的发生,动词"支持"频率的增加显示了协同行动和机制的运作,"协商"和"支持"同时出现频率的增加印证了边界失活(boundary deactivation)机制的发生。并且,在这些抗

---

[1] Amy Binder, *Contentious Curricula: Afrocentrism and Creationism in American Public Schools*, Princeton University Press, 2002; David Snow, and Robert Benford, "Ideology, Frame Resonance, and Movement Participation", in Bert Klandermans, Hanspeter Kriesi, and Sidney Tarrow, eds., *From Structure to Action: Comparing Social Movement Research Across Cultures*, JAI Press, 1988; Sarah Soule, "The Student Divestment Movement in the United States and Tactical Diffusion: The Shantytown Protest", *Social Forces*, 1997, 75, pp. 855-882; Doug McAdam, Sidney Tarrow, and Charles Tily, *Dynamics of Contention*, Cambridge University Press, 2001; Charles Tilly, and Sidney Tarrow, *Contentious Politics*, Oxford University Press, 2015.

[2] Doug McAdam, Sidney Tarrow, and Charles Tily, *Dynamics of Contention*, Cambridge University Press, 2001; Charles Tilly, and Sidney Tarrow, *Contentious Politics*, Oxford University Press, 2015.

争集会中,随着时间推移,国家议会作为请求对象所占比重越来越高,也直接印证出抗争逐渐上升至围绕议会权力展开(parliamentarization)的这一机制和过程①。

比较常用的佐证机制的证据包括关于模式(pattern)的统计证据、关于事件发生顺序的信息、关于事件具体发生及变化过程的记录信息,比如,曾有学者利用会议记录来展示美国决策者在越南战争期间考虑过的不同政策方案②。访谈信息、历史记录、官方文件等都可作为过程追踪的数据。在进行过程追踪或机制相关的研究设计时,应该明确预期使用什么类型的证据来检验假设的因果机制。

第二节 过程追踪的逻辑与实践

政治学家将过程追踪的逻辑类比于侦探办案的逻辑,提出了过程追踪中的四种因果检验。班尼特在借鉴范·埃弗拉提出的检验的基础上,归纳出表4-1中的四种因果检验,并进一步举例说明了这些检验的具体应用。比如,在检验冷战为什么和平结束的几个假设上,基于利益集团的解释③没有通过hoop检验,因为虽然军队将领反对削减国防开支,但有证据显示军队将领并不赞同通过武力防止华约解体,军队将领甚至是最早质疑入侵阿富汗战争的群体,并且参与阿富汗战争的部分军官基于在这次战争中的

---

① Doug McAdam, Sidney Tarrow, and Charles Tilly, "Methods for Measuring Mechanisms of Contention", *Qualitative Sociology*, 2008, 31, 4, pp.307-331.

② Yuen Foong Khong, *Analogies at War: Korea, Munich, Dien Bien Phu, and the Vietnam Decisions of 1965*, Princeton University Press, 1992.

③ 苏联经济结构的长期发展和转型使得苏联的统治精英集团的构成发生变化,由党—军事—重工业复合体转变为以轻工业和知识分子为主的统治集团,这使得苏联在外交上更加亲西方以促进技术和贸易的发展,因而遏制了武力和战争的发生。

个人经验选择辞职,拒绝加入第一次车臣战争;因此,基于学习的解释①通过了 hoop 检验,大大提高了该假设的可信程度。再比如,在解释为什么在 1916~1917 年一战期间,德国领导人在明知战胜概率低的情况下仍然扩大战争侵略和进一步升级冲突这一问题上,学者引用德国将领埃里希·鲁登道夫私人信件内容②,认为这些信息通过了 smoking gun 检验,证实了"孤注一掷(gamble for resurrection)"的假设。

表 4-1 过程追踪中的四种因果检验

		是否充分(建立起因果关系)	
		否	是
是否必要(建立起因果关系)	否	微弱暗示检验(straw in the wind) 通过该检验可确定假设相关但是没有证实假设;没通过降低了假设的相关性(或与事实的吻合程度),但也没有证伪假设	确切证据检验(smoking gun) 通过该检验就证实了假设;但是没通过也不能证伪假设
	是	圈检验(hoop) 通过该检验可确定假设相关但是没有证实假设;没通过则证伪假设	双重决定性检验(doubly decisive) 通过该检验就证实了假设;没通过则证伪假设

注:运用这些检验的研究案例可参考 James Mahoney,"The Logic of Process Tracing Tests in the Social Sciences",*Sociological Methods and Research*,2012,41,pp.570-597。这四种检验最早由史蒂芬·范·埃弗拉提出,参见 Stephen Van Evera,*Guide to Methods for Students of Political Science*,Cornell University Press,1997,班

---

① 苏联领导人从阿富汗等不成功的军事干预中学习并认识到,以武力的方式来解决东欧独立运动是无效的。
② 信件内容主要包括:如果终战寻求和平妥协将需要开展一系列政治改革来平息内乱,而政治改革包括在普鲁士推进选举平权比失掉这场战争更坏。

尼特在表述上进行了调整。

资料来源：Andrew Bennett, "Process Tracing and Causal Inference", in Henry Brady, and David Collier, eds., *Rethinking Social Inquiry: Diverse Tools, Shared Standards*, Rowman & Littlefield, 2010, p.210。

这四种检验提出后，虽然其运用仍然比较有限，但已经有学者开始有意识地比照这些检验给出相关信息来呈现因果推断的具体过程[①]。这种公开透明地展现因果推断过程和信息的做法值得肯定。提升过程追踪方法严谨性的另一尝试是将这四种检验与贝叶斯逻辑相联系，虽然在过程追踪中运用贝叶斯数学是否可取方面仍然存在争论，但有学者指出贝叶斯逻辑有助于研究人员在推断和结果展现时将过程追踪中一些隐含的假设和前提更清楚地表达出来，有助于提高过程追踪的严谨性和透明性[②]。关于贝叶斯逻辑的简单介绍以及与其他推断逻辑的区别，请参见附录三。简单来说，过程追踪的贝叶斯逻辑就是根据新观察到的信息和证据来更新我们对某个机制存在的相信程度。因此，在研究设计过程当中，需要明确什么样的信息是支持假设和替代性假设的证据，如果没有找到预期的支持信息对验证假设机制会有什么影响。为了使过程追踪方法的教学和讨论更加系统化，学者梳理并在讨论中大量运用过程追踪法的研究实例[③]。

[①] 参见 Tasha Fairfield, "Going Where the Money Is: Strategies for Taxing Economic Elites in Unequal Democracies", *World Development*, 2013, 47, pp.42-57。其在附录部分呈现了假设及其对应因果推断的证据和过程。

[②] Andrew Bennett, "Appendix: Disciplining Our Conjectures: Systematizing Process Tracing with Bayesian Analysis", in Andrew Bennett, and Jeffrey Checkel, eds., *Process Tracing: From Metaphor to Analytic Tool*, Cambridge University Press, 2015, pp.276-298.

[③] 关于过程追踪研究方法操作化的实例可以参考 Derek Beach, and Rasmus Brun Pedersen, *Process-Tracing Methods: Foundations and Guidelines*, The University of Michigan Press, 2013, pp.107-119；教学中可用的案例参考 David Collier，（转下页）

关于什么样的过程追踪是好的,学者提出了以下十个标准[①]:

1. 存在竞争性的替代假设(alternative explanations);
2. 同样严谨地对待竞争性的替代假设;
3. 考虑证据来源潜在的偏差;
4. 考虑案例对检验替代假设是极小可能还是极大可能案例;
5. 合理选择某个事件或时间点作为过程追踪的起始点;
6. 合理选择某个事件或时间点作为过程追踪的终点;
7. 如果对研究目的有帮助并且可行,将过程追踪与案例比较相结合;
8. 接受并解释研究中遇到的不符合预期的意外事实;
9. 运用演绎的逻辑思考"如果提出的假设是正确的,导致结果的具体过程是什么";
10. 认识并主动报告因果推断中的不确定程度及因素。

第三节 关键节点的定义与识别

在过程追踪中自然遇到的问题是如何选择历史追踪的起点和终点,并且对过程追踪的主要批评是"无限回归(infinite regress)"

(接上页)"Teaching Process Tracing: Exercises and Examples", *PS: Political Science and Politics*, 2011, 44, 4, pp.823-830;大量的过程追踪研究实例还可参考 Andrew Bennett, and Jeffrey Checkel, eds., *Process Tracing: From Metaphor to Analytic Tool*, Cambridge University Press, 2015。过程追踪研究中比较经典的事件结构分析,可参考 Yashar Deborah, *Demanding Democracy: Reform and Reaction in Costa Rica and Guatemala (1870s-1950s)*, Stanford Unversity Press, 1997。

① Andrew Bennett, and Jeffrey Checkel, eds., *Process Tracing: From Metaphor to Analytic Tool*, Cambridge University Press, 2015, p.21.

问题。怎么样才能系统地追溯历史？在截取历史链条的起止点上,保罗·皮尔森(Paul Pierson)曾经提出三种策略：第一,选择关键节点,在这些关键节点上不同案例开始出现重大的差异,在接下来较长一段时间锁在了完全不同的路径上；第二,选择终止在无法断定因果关联的节点；第三,基于研究者的研究兴趣[①]。虽然皮尔森自己认为第三种策略是最有益的,但是由于有可能存在选择偏差和遗漏相关变量,大部分学者在截取历史起点时,都倾向于使用第一个策略。在比较历史研究和历史制度主义分析中,关键节点是一个研究制度变迁的关键概念和视角,从方法的角度上来看,许多经典的过程追踪研究的起点都是关键节点。对关键节点的分析被广泛运用到了比较政治学和国际政治研究的若干领域[②]。但在对关键节点的分析中,一直被认为缺乏概念上和方法上的严谨性。

对关键节点的定义,总结下来主要强调以下四个特征：(1) 非结构因素以及主体的能动和选择(agency),关键节点是结构因素相对不确定的时段,而某些主体能够比平常更自主地影响结果；(2) 与主体能动性紧密相连,关键节点较其他时间段存在更多的偶然因素(heightened contingency)；(3) 关键节点上不同案例在关注的结果变量上开始出现较大的分野或者是同一个案例在关键

---

① Paul Pierson, *Politics in Time*, Princeton University Press, 2004, p.89.
② 比如 Karl Polanyi, *The Great Transformation*, Beacon Press, 1944; Seymour Lipset, and Stein Rokkan, "Cleavage Structure, Party Systems and Voter Alignments: An Introduction", in Seymour Lipset, and Stein Rokkan, eds., *Party Systems and Voter Alignments*, Free Press, 1967; Ruth Berins Collier, and David Collier, *Shaping the Political Arena*, Princeton University Press, 1991. 更全面的文献清单可参见 Giovanni Capoccia, and R. Daniel Kelemen, "The Study of Critical Junctures: Theory, Narrative, and Counterfactuals in Historical Institutionalism", *World Politics*, 2007, 59, 3, pp.345-346。也有学者指出比较历史分析和过程追踪中太过于重视关键节点,对关键节点前的重要因素重视不够,参见 Dan Slater, and Erica Simmons, "Informative Regress: Critical Antecedents in Comparative Politics", *Comparative Political Studies*, 2010, 43, 7, pp.886-917。

节点之前和之后发生较大变化(divergence);(4)关键节点有锁住效应,会对未来产生持续影响(legacy),节点之后的路径有自我增强和锁住效应,因此关键节点与路径依赖(path-dependency)紧密相连,并且关键节点是相对于这个路径依赖过程比较短的时间段。

基于上述定义要素,尤其是前三项,学者提出开展关键节点研究包括如下若干逻辑步骤:(1)需要明确分析单位,即关于什么的一个关键节点,不同研究问题下关键节点自然有差异,比如某个国家税收体系发展中的关键节点并不一定是政党制度发展中的关键节点;(2)识别出所有可能的关键节点;(3)检验结构型因素的影响,在多大程度上主体的主观能动性和选择是主要的解释因素;(4)如果主体选择是主要的解释因素,接下来,在所有可能关键节点中选择"最关键"的节点;(5)呈现主体在关键节点中存在的不同可能选择,开展反事实分析,阐述如果做出其他选择会导致什么样的不同结果;(6)展示关键节点的长期持续影响;(7)如果可行,可以比较不同情境下相同关键节点过程,它们是否产生类似的持续影响[1]。在判断关键节点的"关键性"程度上,乔凡尼·卡波希亚(Giovanni Capoccia)和丹尼尔·科勒曼(Daniel Kelemen)提出两个测量指标:(1)概念提升程度(probability jump),即感兴趣结果发生概率在关键节点后与节点前的差值;(2)影响持续时长(temporal leverage),即关键节点后续影响的持续时长与关键节点本身持续时长的比值,这两个值越大,则关键节点越关键。运用这样的比较逻辑,他们比较了欧盟宪政化进程中不同的关键节点,得出1958年《罗马条约》第177款的制定比1963年和1964年一

---

[1] Giovanni Capoccia, "Critical Junctures and Institutional Change", in James Mahoney, and Kathleen Thelen, eds., *Advances in Comparative-Historical Analysis: Strategies for Social Inquiry*, Cambridge University Press, 2015, pp.147-179; Giovanni Capoccia, and R. Daniel Kelemen, "The Study of Critical Junctures: Theory, Narrative, and Counterfactuals in Historical Institutionalism", *World Politics*, 2007, 59,3, pp.345-346.

系列欧洲法院的裁决更"关键"①。

对因果机制的重视是近些年政治科学发展的重要趋势。机制研究方法还在不断发展。学者强调过程追踪与博弈论方法可以互相促进和有机结合②。由于形式模型就是用若干主体的策略性互动和行为来解释结果,因此其与因果机制有着天然的联系和一致性。形式模型中对主体不同行为及其收益(payoffs)的界定有助于明确在过程追踪中尤其是关键节点中主体的能动性和选择,而非均衡路径(off-the-equilibrium path)和子博弈完美均衡(subgame perfect equilibrium)有助于呈现过程追踪中的反事实分析。同样地,过程追踪有助于评价形式模型中基本假设与现实的符合程度以及模型的解释力,将博弈论方法与过程追踪法相结合在比较政治学和国际政治学领域已经比较普遍③。

过程追踪和历史比较分析建立在史料基础之上。由于历史的构建本质,对某一事件史料的引用要求在比较不同历史叙述的前提下说明为什么选择某种历史叙述而非其他。认真对待史料需要弄清楚这种历史叙述的构建过程,哪些主体参与到了这个过程之中,这些主体各自的考虑和利益关切是什么,是否会对实证研究产生任何影响,以及如果选择其他历史叙述是否会从根本上改变因果推断和分析④。对史料选择偏差的关注,对机制和关键节点的

---

① Giovanni Capoccia, and R. Daniel Kelemen, "The Study of Critical Junctures: Theory, Narrative, and Counterfactuals in Historical Institutionalism", *World Politics*, 2007, 59, 3, pp.345-346.

② 分析性叙述(analytic narratives)是将博弈论与过程追踪有机结合的方法,参见 Robert H. Bates, Avner Greif, Margaret Levi, Jean-Laurent Rosenthal, and Barry Weingast, *Analytic Narratives*, Princeton University Press, 1998。

③ Peter Lorentzen, M. Taylor Fravel, and Jack Paine, "Qualitative Investigation of Theoretical Models: The Value of Process Tracing", *Journal of Theoretical Politics*, 2016, DOI: 10.1177/0951629816664420.

④ Ian Lustick, "History, Historiography, and Political Science: Multiple Historical Records and the Problems of Selection Bias", *American Political Science Review*, 1996, 90, 3, pp.605-618.

定义、识别和测量的讨论,以及将过程追踪与贝叶斯逻辑和形式模型的嫁接,都反映了过程追踪和比较历史分析方法的严谨化趋势。

第五章
人类学方法：主观与客观

> 对我来说，把名不副实、立论宏大的理论跟最具地方性的细节联系起来，就是一个挑战；不过，这个挑战，也使得在中国的实地研究工作如此激动人心且回报丰厚。
>
> ——欧博文（Kevin J. O'Brien）*

访谈、参与观察（participant observation）、档案与文本分析（archival research）是人类学的主要方法，在政治学研究中也运用广泛。运用人类学方法形成的著名政治学著作包括詹姆斯·斯科特（James Scott）的《弱者的武器：农民抗争的日常形式》（*Weapons of the Weak: Everyday Forms of Peasant Resistance*）、苏珊·斯托克斯（Susan Stokes）关于秘鲁社会运动的研究——《冲突中的文明：秘鲁的社会运动和国家》（*Cultures in Conflict: Social Movements and the State in Peru*）、大卫·莱廷关于政治认同的研究——《形成中的认同：苏联独立国家中的俄语人群》（*Identity in Formation: The Russian-Speaking Populations in the Near Abroad*）以及理查德·菲诺（Richard Fenno）关于美国国会议员的研究——《竞选策略：选区

---

* ［丹］玛利亚·海默、曹诗弟：《在中国做田野调查》，于忠江、赵晗译，重庆大学出版社 2012 年版，第 36 页。

中的议员》(*Home Style: House Members in Their District*)等①。人类学方法强调走近个人和群体的生活、活动和经验,通过了解他们的观点、观察他们的活动,对分析政治现象至少有以下这些方面的帮助:首先,有利于提出基于活动主体而非结构性的解释,尤其是个体的决策和行为是如何产生影响形成某些结果的,因此分析决策过程和行为影响的最好的方法就是访谈;其次,对观念因素,比如文化、社会规范、伦理道德、认同、感知等,以及动机和偏好的分析,访谈也是最适合的方法②;再次,访谈可以帮助实证研究者发现和辨别因果联系,包括因果机制和不同的因果路径。

人类学家在什么是人类学方法及其价值上并没有达成共识③。在实证主义人类学家看来,人类学方法最主要的问题在于背景因

---

① 可参见 James Scott, *Weapons of the Weak: Everyday Forms of Peasant Resistance*, Yale University Press, 1985; Susan Stokes, *Cultures in Conflict: Social Movements and the State in Peru*, University of California Press, 1995; David Laitin, *Identity in Formation: The Russian-Speaking Populations in the Near Abroad*, Cornell University Press, 1998; Richard Fenno, *Home Style: House Members in their Districts*, Little, Brown & Co., 1978; Richard Fenno, *Watching Politicians: Essays on Participant Observation*, Institute of Governmental Studies, 1990。

② Elliot Mishler, *Research Interviewing: Context and Narrative*, Harvard University Press, 1986; Herbert J. Rubin, and Irene S. Rubin, *Qualitative Interviewing: The Art of Hearing Data*, Sage, 1995; Joel Aberbach, and Bert Rockman, "Conducting and Coding Elite Interviews", *PS: Political Science and Politics*, 2002, 35, pp.673-674; Lorraine Bayard de Volo, and Edward Schatz, "From the Inside Out: Ethnographic Methods in Political Research", *PS: Political Science and Politics*, 2004, 37, pp.267-271。

③ 关于实证人类学家与阐释派人类学家之间在认识论上的区别及讨论,参见 Lisa Wedeen, "Ethnography as Interpretive Enterprise", in Edward Schatz, ed., *Political Ethnography: What Immersion Contributes to the Study of Power*, University of Chicago Press, 2009, pp.75-94; Jan Kubik, "Ethnography of Politics: Foundations, Applications, Prospects", in Edward Schatz, ed., *Political Ethnography: What Immersion Contributes to the Study of Power*, University of Chicago Press, 2009, pp.25-52; Edward Schatz, "Ethnographic Immersion and the Study of Politics", in Edward Schatz, ed., *Political Ethnography: What Immersion Contributes to the Study of Power*, University of Chicago Press, 2009, pp.1-22。

素的干扰和研究者个人的演绎(interpretation)导致分析缺乏客观性,这是由于"田野调查的结果在较大程度上取决于参与者的合作程度、许多不可控的现实因素以及人类学家的个人素质,研究者本人的知识结构体系极大地过滤和筛选了(screen)她们在田野调查中的发现"①。不同人类学家会对同一种文化和社会产生完全不同的描述和发现,最有名的例子就是德里克·弗里曼(Derek Freeman)对玛格丽特·米德(Margaret Mead)关于萨摩亚人青春期性观念和性行为研究的批评②。对实证主义研究者来说,演绎带来的主观性是需要处理和克服的问题。因此有人类学家呼吁,为了让人类学变得更加科学,应将数据采集情况明确地纳入分析模型之中。数据采集情况包括非随机的背景因素,比如采访员与受访人互动产生的信任度和情绪,以及一些比较随机的因素,比如天气等③。在一项关于扎伊尔东北部丛林居民食物观念的研究中,通过对 65 位受访人的多次重复采访,并且在采访中使用不同的访员组合,研究人员发现导致受访人在同一问题上给出不同答案的因素中,访员因素以及受访人与访员互动情况的影响效应分别为 14% 和 13%④。这种将人类学研究以及人类学方法科学化的尝试注定会引起激烈争论⑤。

---

① Robert Aunger, "On Ethnography: Storytelling or Science?", *Current Anthropology*, 1995, 36, pp.97-114.
② Derek Freeman, *Margaret Mead and Samoa: The Making and Unmaking of An Anthropological Myth*, Harvard University Press, 1983.
③ Charles Briggs, *Learning How to Ask*, Cambridge University Press, 1986; Elliot Mishler, *Research Interviewing: Context and Narrative*, Harvard University Press, 1986.
④ Robert Aunger, "On Ethnography: Storytelling or Science?", *Current Anthropology*, 1995, 36, p.100.
⑤ 不同研究者对安杰(Aunger)的回应,参见 *Current Anthropology*, 1995, 36, pp.114-130。

第一节 访谈的艺术与科学

在建构主义者眼中,人类学研究主要是一门描述一个群体或文化的艺术和科学,是对含义(meaning)的挖掘和表达[①]。这与政治科学家将人类学方法视为"找对因果故事"的工具有着本质的区别。关于访谈方法的经典专著多以提问的"艺术"为名,比如早期经典著作斯坦利·佩恩(Stanley Payne)的《提问的艺术》以及赫伯特·鲁宾(Herbert Rubin)和艾琳·鲁宾(Irene Rubin)的《质性访谈方法:聆听与提问的艺术》[②]。在赫伯特·鲁宾和艾琳·鲁宾著作中提倡的响应式访谈(responsive interviewing)就是建立在建构论之上,其具有以下特点:(1)访谈关注的是被访者对自身经验和她们对所处世界的理解;(2)访谈的目的在于达到理解的深度而非广度;(3)访谈者对自己的观点、经验乃至偏见时刻保持自省并在访谈中自觉矫正自持的倾向;(4)与社会调查中的访谈相比,响应式访谈的设计灵活多变,会根据听到的内容改变访谈进程和内容;(5)在响应式访谈模式的研究中,分析和访谈交替进行,一项研究的焦点是在研究者和谈话伙伴之间的互动中逐渐浮现的[③]。在赫伯特·鲁宾和艾琳·鲁宾看来,访谈是一门聆听与提问的艺术,同时也有一些基本的实践指导原则。比如,在选择受访人方

[①] David Fetterman, *Ethnography: Step by Step*, Sage Publications, 1989; Clifford Geertz, *The Interpretation of Cultures*, Basic Books, 1973.

[②] Stanley Payne, *The Art of Asking Questions*, Princeton University Press, 1951; Herbert J. Rubin, and Irene S. Rubin, *Qualitative Interviewing: The Art of Hearing Data*, Sage Publications, 2012. 对访谈的认识论的介绍和总结,可参见 Steinar Kvale, and Svend Brinkmann, *Interviews: Leaning the Craft of Qualitative Research Interviewing*, Sage Publications, 2009.

[③] [美]赫伯特·鲁宾、[美]艾琳·鲁宾:《质性访谈方法:聆听与提问的艺术》,卢晖临、连佳佳、李丁译,重庆大学出版社2010年版,第13—33页。

面,除了选择有相关经验和知识的受访人之外,还应该有意识地保证采访对象的多元化,采访能提供足够多不同观点的不同背景的受访人;在采访内容设计方面,尽量避免直接询问抽象的"为什么"以及可简单回答是或否的问题,而是要引导受访人多聊自己的切身经验和故事,与受访人建立起良好的互动关系,获得更多的细节信息和拓展访谈的深度;当受访人可以预测你的问题,在你还没有提问之前就回答了相关问题,并且向你提出许多新的你没有想过的问题或建议时,那么访谈无疑是成功的[1]。

在政治学研究开展的访谈中,由于对决策过程和政府活动的关注,官员往往是最理想的访谈对象。与普罗大众相比,他们对政治结果产生了更多更大的影响。对官员访谈的讨论主要出现在精英访谈(elite interview)的文献中[2]。精英访谈的最主要价值在于能够帮助重构某些事件,挖掘出其他方法或数据无法展现的政治行为的隐秘因素,尤其对政治结果有重要影响的一些非正式的互动和行为[3]。然而,正是由于关注政治行为的隐秘部分以及受访人和采访人之间在学识、地位或经验方面的不对等,与其他人群的访谈相比,在保证精英访谈的信度和效度方面往往挑战更大。在

---

[1] Herbert J. Rubin, and Irene S. Rubin, *Qualitative Interviewing: The Art of Hearing Data*, Sage Publications, 2005, pp.109-165.

[2] 专门讨论精英访谈程序和内容的著作主要包括 Anthony Dexter, *Elite and Specialized Interviewing*, Northwestern University Press, 1970。针对政治学领域访谈方法的讨论参考 Layna Mosley, ed., *Interview Research in Political Science*, Cornell University Press, 2013。比较不同国家精英访谈的文献,参见 William Hunt, Wilder Crane, and John Wahlke, "Interviewing Political Elites in Cross-cultural Comparative Research", *American Journal of Sociology*, 1964, 70, pp.59-68; Joel Aberbach, James Chesney, and Bert Rockman, "Exploring Elite Political Attitudes: Some Methodological Lessons", *Political Methodology*, 1975, 2(1), pp.1-27.

[3] Oisin Tansey, "Process Tracing and Elite Interviewing: A Case for Non-probability Sampling", *PS: Political Science and Politics*, 2007, 40(4), pp.765-772; Matthew Beckmann, and Richard Hall, "Elite Interviewing in Washington D.C.", in Layna Mosley, ed., *Interview Research in Political Science*, Cornell University, 2013, pp.196-208.

如何获得精英尤其是官员的允许和合作方面,除了保持耐心、登门拜访、拥有一个正当的隶属身份之外,影响访谈准入的关键往往是制度而非文化要素①。获得访谈资格后,访谈前20分钟被认为是建立采访人与受访人之间信任(rapport)的关键时段,最开始的问题应该是简单直接并友好的。在大多数国家,一开始都应该回避涉及个人隐私和信息的问题②。关于是否以及在多大程度上于一开始就展现采访人了解受访人的情况,学者之间存在一定的分歧:部分学者认为采访人向采访对象传递出一些事先准备的信号有利于受访人更看重访谈者③;但也有学者认为这样的信号会让受访人怀疑访谈匿名保证的真实性和可靠性。文献大多强调精英访谈更适合使用开放型问题。和教育水平较高的访谈人类似,官员都不喜欢被局限在研究者给定的答案中做出选择,他们更希望自由发挥,因此开放型问题以及半结构式的访谈(semi-structured interview)能够提高精英访谈的效度。但是,也有学者认为,当提供的选项内容设计合理时,闭合式问题有助于精英受访人更好地整理思路并进行有意思的延伸讨论,尤其重要的是,闭合式问题能在后期数据分析和比较时提供便利④。同时,在半结构式访谈或

---

① William Hunt, Wilder Crane, and John Wahlke, "Interviewing Political Elites in Cross-cultural Comparative Research", *American Journal of Sociology*, 1964, 70, pp.59-68.

② 也有研究人员在20世纪60年代指出,在奥地利和法国,以个人信息的问题开始访谈有助于让受访人觉得更轻松和更积极地参与到访谈当中,参见 William Hunt, Wilder Crane, and John Wahlke, "Interviewing Political Elites in Cross-cultural Comparative Research", *American Journal of Sociology*, 1964, 70, pp.59-68。

③ David Richards, "Elite Interviewing: Approaches and Pitfalls", *Politics*, 1998, 16, pp.199-204; Joel Aberbach, James Chesney, and Bert Rockman, "Exploring Elite Political Attitudes: Some Methodological Lessons", *Political Methodology*, 1975, 2(1), pp.1-27; Harriet Zuckerman, "Interviewing an Ultra-Elite", *Public Opinion Quarterly*, 1972, 36, pp.159-175.

④ Matthew Beckmann, and Richard Hall, "Elite Interviewing in Washington D.C.", in Layna Mosley, ed., *Interview Research in Political Science*, Cornell University, 2013, pp.196-208.

开放型问题之后,请求受访人填写一个简短的闭合问题问卷,被认为是一个有效的策略[①]。学者总结了在半结构式访谈中比较常用的有效问题包括大巡回问题(grand tour questions)[②],比如请采访对象描述在这个职位上其个人的一天的基本工作情况或具体某项工作任务的每个步骤等;另一类比较有效的问题是请采访对象举例说明某些行为或现象(example questions)[③]。值得指出的是,由于在官员访谈中,研究者关心的内容往往是在其他公开渠道无法获悉的,同时官员有夸大成绩和掩盖问题的动机,因此为了保证访谈的效度和信度,运用多种渠道和多个采访去互证关键信息尤为重要[④]。

根据学者的调查,92%的比较政治学、84%的国际关系以及71%的美国政治学研究项目使用访谈的方法,甚至50%的政治哲学研究(political theory)也开展访谈[⑤]。访谈对理论发展的每个环节,比如研究问题的辨识、案例的选择、概念和测量的修正、新理论假设的提出以及对因果机制和因果过程的理解,都能产生贡献。在获得更多深度的同时,由于采访人数的限制,采访获得的观点有可能是狭隘、失真和有偏差的。因此,在访谈的每个阶段都应对可能偏差保持自觉并在互证中做出判断和取舍。

[①] Sharon Rivera, Polina Kozyreva, and Eduard Sarovskii, "Interviewing Political Elites: Lessons from Russia", *PS: Political Science and Politics*, 2002, 35(4), pp.683-688.

[②] "大巡回问题"这种指称最早由人类学家指出,参见 James Spradley, *The Ethnographic Interview*, Wadsworth, 1979。

[③] Beth Leech, "Asking Questions: Techniques for Semi-Structured Interviews", *PS: Political Science and Politics*, 2002, 35(4), pp.665-668.

[④] Jeffrey Berry, "Validity and Reliability Issues in Elite Interviewing", *PS: Political Science and Politics*, 2002, 35(4), pp.663-682.

[⑤] Diana Kapiszewski, Lauren MacLean, and Benjamin Read, *Field Research in Political Science: Practices and Principles*, Cambridge University Press, 2015, p.190. 该项关于美国政治学家的网络调查于2011年11月至2012年6月完成,具体的关于该项调查的情况介绍,参见前列书中的附录部分。

除了个体采访,社会科学研究经常运用的访谈方法还包括焦点团体(focus group)。焦点团体是一种集体访谈,由主持人引导,受访的小组成员就某个议题进行交流和讨论。大卫·摩根(David Morgan)将焦点团体定义为一种通过集体互动收集数据的方式,与一般的集体访谈相比,其有突出的三个特点:第一,主要是一种数据收集方法;第二,数据来自集体讨论中的互动;第三,研究人员和主持人在引导集体讨论中发挥了非常积极的作用[1]。虽然社会科学家在开展研究时很早就使用集体访谈的方式,但是焦点团体作为一种数据收集方法被系统地运用并受到关注是保罗·拉扎斯菲尔德(Paul Lazarsfeld)和罗伯特·默顿(Robert Merton)在1941年开展的关于二战期间媒体如何影响美国居民对自己国家卷入战争相关态度的研究。拉扎斯菲尔德和默顿邀请了若干组采访对象听一段旨在提升战争士气的电台广播,他们原来的计划仅仅是要求采访对象按键来显示他们对这段广播的回应是积极的还是消极的,但是由于这种设计无法了解采访对象为什么做出相关的回应,因此就转而使用焦点团体的方法。在接下来默顿和帕特里夏·坎多(Patricia Kendall)发表的名为《焦点访谈》("The Focused Interview")的文章是讨论焦点团体方法的开山之作[2]。随后焦点团体的方法更广泛地应用于商业、教育学和公共卫生等领域。

焦点团体的优势包括以下几个方面。第一,能够较有效率地在较短时间内获得充足的对某个议题的类似以及不同的观点,并

---

[1] David Morgan, "Focus Groups", *Annual Review of Sociology*, 1996, 22, pp.129-152.

[2] Robert Merton, and Patricia Kendall, "The Focused Interview", *American Journal of Sociology*, 1946, 51(6), pp.541-557. 默顿之后有发表关于焦点团体的专著,参考 Robert Merton, *Focused Interview: A Manual of Problems and Procedures*, Free Press, 1990. 关于焦点团体发展历史的介绍,可参见 David Stewart, and Prem Shamdasani, *Focus Groups: Theory and Practices*, Sage Publications, 2015, pp.1-8; Pranee Liamputtong, *Focus Group Methodology: Principles and Practices*, Sage Publications, 2011, pp.9-12。

能深入了解参与成员对某个题目的阐释。第二,能够展现参与成员之间是如何互动和讨论某个题目,观察参与成员的共识和分歧之处以及不同观点在集体讨论中如何互相影响和发展[1]。第三,能让一些被边缘化的群体抒发自己的观点和见解。焦点团体更适合用于研究牵涉比较复杂的行为模式或动机、观点存在较大分歧和差异的主题。

焦点团体的缺点也是显而易见的。不是所有的主题都适合焦点团体,尤其是关系个人隐私的题目,参与者较难在集体访谈的场合分享自己的经验[2]。而且文化、环境、组内的人员构成以及主持人的风格都会影响参与者讨论和表达真实想法的意愿和积极性。集体性访谈的主要挑战在于团体效应(group effect)[3]。参与者在

---

[1] 现有关于集体讨论中成员之间如何相互影响的研究有限。有研究表明,进行焦点团体之后,参与者的观点会更加极端,参见 Steve Sussman, Dee Burton, Clyde Dent, Alan Stacy, and Brian Flay, "Use of Focus Groups in Developing an Adolescent Tobacco Use Cessation Program: Collective Norm Effects", *Journal of Applied Social Psychology*, 1991, 21, pp.1772-1782。

[2] 但实践证明,焦点团体的方法并非一定不能涉及比较敏感的话题,比如有一些研究运用焦点团体的方法采访了一些被边缘化的群体,参见 Robin Jarrett, "Focus Group Interviewing with Low-Income, Minority Populations: A Research Experience", in David Morgan, ed., *Successful Focus Groups: Advancing the State of the Art*, Sage, 1993, pp.184-201; Marilyn Hoppe, Elizabeth Wells, Diane Morrison, Mary Gillmore, and Anthony Wilsdon, "Using Focus Groups to Discuss Sensitive Topics with Children", *Evaluation Review: A Journal of Applied Social Research*, 1995, 19, pp.102-114; Diane Hughes, and Kimberly DuMont, "Using Focus Groups to Facilitate Culturally Anchored Research", *American Journal of Community Psychology*, 1993, 21, pp.775-806; Richard Zeller, "Focus Group Research on Sensitive Topics: Setting the Agenda without Setting the Agenda", in David Morgan, ed., *Successful Focus Groups: Advancing the State of the Art*, Sage, 1993, pp.167-183; Richard Zeller, "Combining Qualitative and Quantitative Techniques to Develop Culturally Sensitive Measures", in David Ostrow, and Ronald Kessler, eds., *Methodological Issues in AIDS Behavioral Research*, Plenum Press, 1993, pp.95-116。

[3] 焦点团体的特有优势是能够观察群体讨论中的互动,但是群体效应也会带来一系列问题,相关讨论参见 Martha Carey, "Issues and Applications of Focus Group", *Qualitative Health Research*, 1995, 5, pp.413-530; Martha Carey, and Mickey Smith, "Capturing the Group Effect in Focus Groups: A Special Concern in Analysis", *Qualitative Health Research*, 1994, 4, pp.123-127。

团体中的发言极有可能与一对一采访中的回答有较大出入。比如,有学者比较相同人群在讨论性行为方面问题时,先进行单独采访,然后进行焦点团体,两种采访方式下的回答有较大差别;而先进行焦点团体,再进行单独采访,回答的内容没有太大区别[①]。

在焦点团体中,受过专门训练的主持人(在大多数情况下都是研究人员)主要的作用就是营造一种让人感到安全和开放的氛围,促进集体讨论,尽可能地让每个参与人员都能安心地分享自己的经验和表达真实的想法。与商业领域的焦点团体不同,社会科学家更强调研究人员或主持人用一种弱引导性的访谈风格,尽量不干涉受访人谈话的长短和内容。这种差异与研究目的有关,商业领域焦点团体的主要目的是从市场营销的角度出发得到潜在顾客的答案,而社会科学领域的研究大多是从感兴趣的研究对象那里获得一些新的基本知识[②]。一般来说,焦点团体由6～12人组成。在参与人员构成上,是否以及在多大程度上选择"同质性"较高的群体,比如在性别、文化背景、年龄、受教育程度等方面选择尽可能接近的人,需要研究人员在研究设计阶段依据研究的主题和目的,以及异质性是否和在多大程度上可能影响成员之间的顺利交流等进行判断。在焦点团体中大多邀请彼此不了解的陌生人参与讨论,熟悉程度包括共同的朋友圈有可能影响真实观点的表达。

在获取信息的深度和广度方面,一般来说,与个人采访相比,焦点团体能获得更广泛的信息但深度不够,而与结构性较强的社会调查相比,焦点团体在信息深度方面有优势但广度不够。在实际运用中,焦点团体经常与其他的访谈形式混合使用以弥补各自的不足,包括通过焦点团体来帮助设计社会调查问卷中的问题内

---

① Daniel Wight, "Boy's Thoughts and Talk about Sex in a Working Class Locality of Glasgow", *Sociological Review*, 1994, 42, pp.702-737.

② David Morgan, "Focus Groups", *Annual Review of Sociology*, 1996, 22, pp.129-152.

容以及分析和解读其结果,或先开展社会调查以锁定焦点团体的合适人群和问题设计等。

第二节 参与观察的沉浸

参与观察是主要的人类学研究方法,通过与被研究群体近距离、长时间的接触,理解他们的文化,观察他们的行为习惯。大卫·费特曼(David Fetterman)指出:"参与观察应融入一种文化。理想状态的参与观察是民族志学者在社区工作和生活六个月至一年或更长的时间,学习当地语言,反复地观察行为习惯……在任何案例中,民族志知识和理解的获得都是一个周期性过程。它开始于对该社区的全景式观察,移近至对细节进行微观聚焦,然后再次淘选出更大的图景——但这一次嵌入了微小细节以形成新的洞察。随着田野作业者变换观察的广度和深度,焦点重复地变窄又变宽。"[1]政治学家运用参与观察方法的并不少见。根据学者的调查,超过三分之一的美国政治学家开展的研究项目运用了参与观察,高于运用社会调查以及焦点团体方法的比例,并且绝大多数情况下都是和其他方法一起运用[2]。总的来说,政治学领域对参与观察方法的讨论还比较有限,但最近这些年有所增多[3]。

---

[1] [美]大卫·费特曼:《民族志:步步深入》,龚建华译,重庆大学出版社2013年版,第42、45页。

[2] Diana Kapiszewski, Lauren MacLean, and Benjamin Read, *Field Research in Political Science: Practices and Principles*, Cambridge University Press, 2015, p.234.

[3] 政治学领域对参与观察方法的讨论,参见 Edward Schatz, ed., *Political Ethnography: What Immersion Contributes to the Study of Power*, University of Chicago Press, 2009; Lisa Wedeen, "Reflections on Ethnographic Work in Political Science", *Annual Review of Political Science*, 2010, 13, pp.255-272; Elisabeth Wood, "Field Research", in Carles Boix, and Susan Carol Stokes, eds., *The Oxford Handbook of Comparative Politics*, Oxford University Press, 2007, pp.123-146;(转下页)

在政治学领域,最经典的用参与观察方法开展的研究当属詹姆斯·斯科特的《弱者的武器》以及理查德·菲诺关于美国国会议员的研究①。他们的研究问题决定了在研究中运用参与观察方法的合理性。詹姆斯·斯科特对阶级关系(class relations)和阶级意识感兴趣,希望能用贴近被研究对象的思维和话语来理解阶级关系中的冲突和对抗的属性,而不是从马克思主义的理论中推演出来。类似地,理查德·菲诺希望了解民选的议员如何理解政治代表性(political representation),这种意识如何影响议员的具体行为,参与观察也进一步展现了背景因素以及事件发生的顺序对议员行为的影响②。学者总结了参与观察方法在形成新的研究问题和假设、案例选择、概念发展、获取隐蔽的数据、假设检验和理解因果过程和机制等方面的贡献。比如,通过参与观察,菲诺在研究过程中提出了新的假设:资历比较浅的议员对选区事务更关心;与组织松散的选民群体相比,议员主要关注的是组织良好的选民群体;选民除了关注代表在政策上与自己的一致性之外,也同样关注代表的个人素质。并且,参与观察在挖掘主体个人层面而非结构层面的解释上更有优势。在解释行为结果(比如社会运动)以及个人的政治认同等

(接上页) Lorraine Bayard de Volo, and Edward Schatz, "From the Inside Out: Ethnographic Methods in Political Research", *PS: Political Science and Politics*, 2004, 37, 2, pp.417-422; Diana Kapiszewski, Lauren MacLean, and Benjamin Read, *Field Research in Political Science: Practices and Principles*, Cambridge University Press, 2015, pp.234-265; Richard Fenno, "Observation, Context, and Sequence in the Study of Politics", *American Political Science Review*, 1986, 80, 1, pp.3-15; Richard Fenno, *Watching Politicians: Essays on Participant Observation*, Institute of Governmental Studies, 1990。

① 詹姆斯·斯科特在马来西亚的一个有 300 多人的村庄做了为期 14 个月的田野调查;理查德·菲诺跟随了 18 位国会议员观察他们在当选选区的工作,观察每位国会议员的时间从 3 天到 11 天不等,平均 6 天。

② Richard Fenno, "Observation, Context, and Sequence in the Study of Politics", *American Political Science Review*, 1986, 80, 1, pp.3-15。

主观意识上,参与观察方法有助于提供对政治过程的内部人视角信息①。

参与观察方法的挑战主要存在于两个方面:(1)在参与观察中如何保持客观性并减少参与观察本身引起研究对象行为的改变;(2)如何呈现参与观察的数据。"参与观察不但要参与被研究群体的生活,还要保持专业距离以便适度地观察和记录资料。"②除了在一定程度上刻意保持与研究对象的距离之外,为了防止丧失客观,研究人员对过度卷入研究对象的文化和环境对研究带来的影响应该时刻保持自觉。同时,通过与研究对象的重复交往和观察,研究人员能够对参与观察本身对研究对象行为影响的大小和方向进行估计。在数据的展现上,尽可能公开透明地呈现参与观察的原始数据当然是最理想的,但往往由于缺乏可行性而只能截取重要部分公开③。

第三节 档案与文本分析中的选择偏差

对文本内容进行系统分析最早发生在17世纪,瑞典某法庭对一个宗教派别歌曲中的象征符号(symbol)进行分类、计数和比较,企图找到异教的证据。韦伯时期德国的文化社会学研究曾系统分析过报纸内容;后来数届英国皇家新闻委员会对媒体报道进行过

---

① Lorraine Bayard de Volo, and Edward Schatz, "From the Inside Out: Ethnographic Methods in Political Research", *PS: Political Science and Politics*, 2004, 37, 2, pp.417-422.
② [美]大卫·费特曼:《民族志:步步深入》,龚建华译,重庆大学出版社2013年版,第42页。
③ 更多的讨论参见 Howard Becker, "Problems of Inference and Proof in Participant Observation", *American Sociological Review*, 1958, 23, 6, pp.652-660。

系统的内容比较①。对内容分析方法的定义包括如下几种：（1）对政治话语的统计语义学；（2）对交流内容的客观、系统和定量描述的研究技巧；（3）通过客观和系统地运用分类原则对交流内容进行转换的信息处理；（4）基于数据对其背景进行可重复的合理推断的研究技巧；（5）运用一系列程序对文本进行推断的研究方法，这些推断主要是关于文本发送者、文本信息本身以及信息接收者②。

文本内容分析的方式和目的可以是展现某些趋势和变化模式，可以是展现不同来源文本（比如不同属性的媒体报道的差异），可以用来建构索引，或是展现文本下暗含的知识结构图等。较常见的文本分析包括展现某些关键词的频次，某些词的搭配情况，或是文本中的语气口吻和反映的态度（tone），即语义分析。大多数文本分析软件工具（包括 Nvivo 和 Yoshikoder）都有词频和语义分析等功能。如果使用人工编录，需要保证编码员间的信度（inter-coder reliability）。而在对文本内容进行分析之前，需要先获取文本资料并进行抽样。内容分析的抽样往往从标题或期号中进行，也可依据作者、词汇等层次进行分层随机抽样或多阶段随机抽样。随着文本提取技术的发展，因特网上的信息成为主要分析文本之一。对信息的抽样，比如新闻报道，除了随机抽样之外，还包括以星期或更长的周期作为抽样单位，连续抽取若干单位的方法③。

---

① Royal Commision on the Press, *Analysis of Newspaper Content*, Research Series 4, Stationery Office Books, 1977; Martin Bauer, and George Gaskell, *Qualitative Research with Text, Image and Sound: A Practical Handbook*, Sage Publication, 2000, p.132.

② Martin Bauer, and George Gaskell, *Qualitative Research with Text, Image and Sound: A Practical Handbook*, Sage Publication, 2000, p.133.

③ Daniela Stockmann, "Information Overload? Collecting, Managing, and Analyzing Chinese Media Content", in Allen Carlson, Mary Gallagher, Kenneth Lieberthal, and Melanie Manion, eds., *Contemporary Chineses Politics: New Sourcs, Methods, and Field Strategies*, Cambridge University Press, 2010, pp.107-128.

随着信息技术的发展,大数据时代为内容分析注入了新的生命力。但是文本内容来源的潜在偏差以及如何分析海量文本数据仍然是该方法面临的主要问题。档案文件、名人自传、会议纪要、历史记录、官方文件、媒体报道等任何文本,在不同程度上都存在选择性偏差,比如档案文件被选择性地解密,在知道会被公开的前提下名人会选择性地在回忆录中呈现某些信息。历史学家在描述历史时也很难跳脱出自己的理论框架,历史记录往往不都是关于客观事实的描述而是历史学家的演绎[①]。因此,通过互证来尽量减少选择性偏差,是文本分析方法必不可少的环节。

第四节 田野调查的必要性

社会科学研究是否一定需要开展田野调查?部分学者认为基于少数几个案例的定性深入研究用处不大,理论构建并不一定需要实地调研,一些新技术的发展有可能替代田野调查,尤其在理论发展程度较高、公开可得数据比较丰富的研究领域,田野调查并非必不可少。下面的阐述显示了学者对田野调查局限性的担心。

> 经济学有个趋势是认为研究者不应该问研究对象在做什么和他们的动机是什么,因为他们会欺骗研究者,或者他们不知道自己的动机是什么,他们将夸大自己的作用,说自己的好话等。所以研究人员应该与自己的研究对象保持一定的距

---

① Ian Lustick, "History, Historiography, and Political Science: Multiple Historical Records and the Problems of Selection Bias", *American Political Science Review*, 1996, 90, 3, pp.605-618.

离。……经济学被当成了遥远星系,似乎只能用间接的理论和统计方法来理解现象。我觉得这是有益的,但是研究人员需要更加直接即时的经验①。

然而,更多的学者认为田野调查有助于研究人员准确、充分地了解研究现象以及发现的异同,激发对现有概念和理论的再思考、研究的再设计、构建理论假设和概念的测量,田野调查能够使研究者获得"局内人"的视角,因此,不开展实地调研会让学者在未来的学术生涯中处于劣势②。

在政治环境不够开放、信息不够公开或是研究主题具有一定社会敏感性的情况下,田野调查是展开研究的唯一可行方法。许多隐藏的政治只有通过在实地的沉浸才有可能被发现③。除了前面提到的需要注意过度卷入研究而丧失客观性,以及获得信息的可能偏差而需要进行互证并对数据采集过程影响因素时刻保持自觉之外,在田野调查时进行适应性调整至关重要④。因此,研究人员在进入具体实地调研之前应该明确研究中的优先顺序,哪些方面可以妥协,哪些方面必须坚持。田野调查的技巧是没法教的,而

---

① Truman Bewley, "The Limits of Rationality", in Ian Shapiro, Rogers Smith, and Tarek Masoud, eds., *Problems and Methods in the Study of Politics*, Cambridge University Press, 2004, pp.381-385.

② "Symposium: Should Everyone Do Fieldwork?", *APSA-CP*, 2005, 16, 2, pp.8-18.

③ 比如,在中国政治学领域,对劳工政治的研究大多通过田野调查开展,参见 Calvin Chen, "The Worm's-Eye View: Using Ethnography to Illuminate Labor Politics and Institutional Change in Contemporary China", in Allen Carlson, Mary Gallagher, Kenneth Lieberthal, and Melanie Manion, eds., *Contemporary Chineses Politics: New Sourcs, Methods, and Field Strategies*, Cambridge University Press, 2010, pp.129-144. 对在中国做田野调查的讨论,参见[丹]玛利亚·海默、[丹]曹诗弟主编:《在中国做田野调查》,于忠江、赵晗译,重庆大学出版社 2012 年版。

④ Suzanne Scoggins, "Navigating Fieldwork as an Outsider: Observations from Interviewing Police Officers in China", *PS: Political Science and Politics*, 2014, April, pp.394-397.

是需要通过自己不断的亲身实践和聆听他人经验来学习和提升的。

人类学方法由于研究过程的沉浸以及与研究对象的近距离,较难避免研究人员的主观性。在实证主义的传统下,这种主观性是应该也是可以避免的。因此,对数据采集过程的详细记录以及保证研究对象和资料来源的多样化来实行互证被认为必不可少。同时与下一章即将讨论的社会调查方法相类似,认知心理学理论的发展及知识积累对人类学方法的运用与发展也大有裨益。

第六章
社会调查方法：成本限制下的质量最大化

> 社会调查方法论关注如何在维持成本不变的情况下提高调查质量，或者在保证质量不变的情况下降低调查成本。
>
> ——罗伯特·格罗夫斯（Robert Groves）等*

社会调查（survey）是以系统的科学方法收集信息以构建出对研究总体特征的定量描述[①]。从调查对象的范围宽度来看，本书讨论的社会调查只包括抽样调查和普查[②]。人类历史上有记录的人口普查（census）最早发生在公元前3 000多年的古埃及[③]。中

---

* Robert Groves, et al., *Survey Methodology*, John Wiley & Sons, Inc., 2009, p.30.

① Ibid., p.2.其他定义包括英国《社会学百科全书》的定义："通过一种预先设计好的询问方式来收集社会数据"；中国社会学家李景汉的定义："以系统的科学方法，调查社会的实际情况，用统计方法整理搜集材料，分析社会现象构成的要素"等，更加系统的总结请见范伟达、范并：《中国调查史》，复旦大学出版社2015年版，第2—8页。

② 费孝通认为社会调查包括三种基本方式：普查、抽样调查和个案研究。参见费孝通：《怎样做社会研究》，上海人民出版社2013年版，第316—317页。本书的社会调查指称前两种。

③ 参见"Census"词条，维基百科，https：//en.wikipedia.org/wiki/Census#Egypt，最后浏览日期：2017年7月7日。学者认为人口普查最起码可以追溯到罗马帝国时期，参见James Wright, and Peter Marsden, "Survey Research and Social Science：History, Current Practices, and Future Prospects", in Peter Marsden, and James（转下页）

国历史上有文字记载的最早的人口普查发生在西汉汉平帝时期①。古代人口普查的动因主要与赋税徭役有关。近代历史上知名社会科学家开展的社会调查包括卡尔·马克思在1880年关于法国工人遭受雇主剥削程度的调查②。部分学者将现代社会调查研究的开山之作追溯到英国学者查尔斯·布思(Charles Booth)关于伦敦工人的普查和著作——《伦敦人的生活与工作(1989—1903)》[Life and Labour of the People in London(1889-1903)]③。抽样、数据收集以及问卷设计技术的进步为社会调查的发展提供了基础。虽然概率抽样理论、数据系统化收集以及统计分析早已出现,抽样调查(sample survey)直到20世纪30年代才在美国出现,这些早期的抽样调查大多使用配额抽样方法(quota sampling methods)。

第一节　现代社会调查的发展

出于现实政治需要,比如二战期间美国政府对民众对待战

(接上页)Wright, eds., *Handbook of Survey Research*, 2nd edition, Emerald Group Publishing Limited, 2010, pp.3-26。

① 范伟达、范冰：《中国调查史》,复旦大学出版社2015年版,第52页。

② 尽管在这项调查中寄出的问卷有25 000份之多,却没有任何返回的记录,参见[美]艾尔·巴比：《社会研究方法(第10版)》,邱泽奇译,华夏出版社2005年版,第235—236页。

③ Robert Groves, et al., *Survey Methodology*, John Wiley & Sons, Inc., 2009, p.4；James Wright, and Peter Marsden, "Survey Research and Social Science: History, Current Practices, and Future Prospects", in Peter Marsden, and James Wright, eds., *Handbook of Survey Research*, 2nd edition, Emerald Group Publishing Limited, 2010, pp.3-26；Jean Converse, *Survey Research in the United States*, University of California Press, 1987.在查尔斯·布思的调查之前,以了解国情为目的的调查包括威廉·配第的《政治算术》(1690年)、伊顿公爵的《贫民的情况》(1795年)和辛克莱尔士的《苏格兰统计报告》(1791~1799年)等,具体介绍参见袁方主编：《社会研究方法教程》,北京大学出版社2013年版,第36页。

争的态度的了解,尤其是对选举结果的预测,直接推动了现代社会调查方法的发展和运用。调查真正引起美国学术界的关注和兴趣源自 1936 年乔治·盖洛普(George Gallup)准确预测了富兰克林·罗斯福(Franklin Roosevelt)将会击败阿尔夫·兰登(Alf Landon)而当选美国总统。当时美国颇为流行并成功预测过数次美国总统选举结果的新闻杂志《文学文摘》(Literary Digest)开展了规模空前的民意测验,结果显示共和党候选人兰登将当选[1]。大家将盖洛普的预测成功归结于其使用的配额抽样方法比《文学文摘》基于电话号码簿和汽车登记册信息开展的调查带来的覆盖误差更小。在美国大学中成立的第一家社会调查研究中心为 1940 年由哈德利·坎切尔(Hadley Cantril)在普林斯顿大学建立的民意研究中心(Office of Public Opinion Reserach, OPOR);1941 年哈里·菲尔德(Harry Field)在丹佛大学成立了国家民意研究中心(National Opinion Research Center, NORC),后转移到芝加哥大学,直到今天 NORC 仍然是美国最主要的社会调查学术机构之一;1944 年保罗·拉扎斯菲尔德在美国哥伦比亚大学建立应用社会研究所(Bureau of Applied Social Research, BASR),并通过开展一系列关于投票和传媒的社会调查,确立了哥伦比亚学派在 20 世纪四五十年代美国社会学中的主导地位[2]。20 世纪三四十年代美国学术界社会调查的迅速发展集中体现在美国民意研究协会(American Association for

---

[1] 《文学文摘》"从电话簿与车牌登记名单中挑选出来 1 000 万人,向他们邮寄明信片,询问他们的投票意向,最后收到了 200 万人以上的回应,结果显示有 57%的人支持共和党候选人兰登",参见[美]艾尔·巴比:《社会研究方法(第 10 版)》,邱泽奇译,华夏出版社 2005 年版,第 176 页;也可参考喻国明:《解构民意:一个舆论学者的实证研究》,华夏出版社 2001 年版。

[2] NORC 开展的最有名的调查为综合社会调查(General Social Survey, GSS)和国家青年跟踪调查(National Longitudinal Survey of Youth, NLSY),更多关于 NORC 社会调查项目的介绍可参考 http://www.norc.org/Research/Projects/Pages/default.aspx。

Public Opinion Research，AAPOR）和专门的学术期刊《民意季刊》(Public Opinion Quarterly，POQ)的建立。在二战期间，为了了解民众对战争的态度，包括对战争债券的购买意愿等，罗斯福总统任内的联邦政府开展了一系列民意调查，直接推动了抽样调查在美国的发展。许多政府部门，比如农业部门、物价监管部门，纷纷开展抽样调查了解民众在不同政策领域的需求和态度。战后，由于社会调查揭露了美国南方黑人受压迫的现实，美国国会通过法案废除了农业部下设的项目调查局（Division of Program Surveys，DPS），这一举动导致原项目调查局成员，包括伦西斯·利克特（Rensis Likert）、莱斯利·基什（Leslie Kish）和安格斯·坎贝尔（Angus Campbell）集体加入密歇根大学，于1946年成立了调查研究中心（Survey Research Center，SRC），并于1949年与群体动力研究中心（Research Center for Group Dynamics，RCGD）合并成立密歇根大学社会研究所（Institute for Social Research，ISR）。至今，ISR是全球最大和久负盛名的社会研究机构之一，是美国最主要的社会调查学术机构，其下设的校际政治及社会研究联盟（Inter-University Consortium for Political and Social Research，ICPSR）是全球最大和最全面的保存和传播社会调查数据的分享平台[1]。到20世纪80年代初，社会调查在美国已经成为一个巨大的产业，政府部门、学术机构、媒体以及民意调查公司每年都广泛开展各类社会调查。1983年版的《社会调查研究手册》(Handbook of Survey Research)曾指出：在美国20世纪80年代初每年约有320万户家庭、1亿民众接受社会

---

[1] ISR中的调查研究中心（Survey Research Center，SRC）自1948开始开办关于社会调查方法论的暑期班。SRC最具代表的调查项目包括收入动态跟踪调查（Panel Study of Income Dynamics，PSID）和美国国家选举研究（American National Election Studies，ANES）。

调查,每年调查的花费共计30亿～50亿美元①。在今天,这个数据可能已经难以统计。

中国的现代社会调查兴起于清末民初。部分史学家认为,最早的现代社会调查可能是浏阳的黎宗鋆在19世纪末关于浏阳土产的调查②,1902年末浙江留日学生会成立的调查部是中国人成立的第一个从事社会调查的组织③。其他研究人员则认为,近代中国第一个社会调查,是在步济时(John S. Burgess)的主持下,于1914～1915年由北平社会实进会所做的关于"人力车夫的生活与工作状况"的调查④。这项调查访问了302位北京内外城的人力车夫,问卷上设计了41个问题,最后形成了名为《北京人力车夫之生活和工作状况》的报告,对车夫的年龄、婚姻、收入、赁车费、生活费、净收入或储蓄、工作时间、爱好、拉车年数、拉车前职业等进行了描述⑤。清末民初在中国组织开展社会调查的多为当时在国内大学任教的外国教授,主要是社会学家和经济学家,他们把西方社会学中的社会调查方法引入中国。同时,20世纪20年代留学生

---

① 上述关于美国社会调查发展历史的描述参见 James Wright, and Peter Marsden, "Survey Research and Social Science: History, Current Practices, and Future Prospects", in Peter Marsden, and James Wright, eds., *Handbook of Survey Research*, 2nd edition, Emerald Group Publishing Limited, 2010, pp.3-26; Jean Converse, *Survey Research in the United States*, University of California Press, 1987.

② 李章鹏:《清末中国现代社会调查肇兴刍论》,《清史研究》2006年第2期。也有观点认为西方近代社会调查方法是随着英国海关管理制度和西方近代统计方法一起,于19世纪60年代传入中国,首先采用西方近代社会调查方法做社会调查的个人,是一些从西方来的传教士和学者;而在中国境内首先采用西方近代社会调查方法做社会调查的中国人是中国首位留美学生容闳,参见水延凯主编:《中国社会调查简史》,中国人民大学出版社2017年版,第298—300页。

③ 李章鹏:《清末中国现代社会调查肇兴刍论》,《清史研究》2006年第2期。随后在江苏、湖北的留日同乡会也成立过类似的社会调查组织,参见水延凯主编:《中国社会调查简史》,中国人民大学出版社2017年版,第302页。

④ 阎明:《一门学科与一个时代:社会学在中国》,清华大学出版社2004年版,第17页;《中国大百科全书(社会学卷)》,中国大百科全书出版社1991年版,第289页;杨雅彬:《近代中国社会学(增订本)》,中国社会科学出版社2001年版,第68页。

⑤ 范伟达、范冰:《中国调查史》,复旦大学出版社2015年版,第68页。

陆续回国,国内许多大学陆续成立社会学系,为社会调查的发展奠定了基础。从1918年陶孟和发表《社会调查》一文起,在接下来的20年间,国内掀起了一场"中国社会调查运动":涌现了一批影响比较大的社会调查研究,包括陶孟和的《北平生活费之分析》、李景汉的《北平郊外之乡村家庭》和《定县社会概况调查》、杨开道和许仕廉的清河调查、卜凯(John Buck)的《中国农场经济》;并且成立了全国性的调查研究机构,包括社会调查所、"中研院"社会科学研究所和清华大学国情普查研究所,这些调查研究机构做了大量的社会调查,尤其注重调查农业经济、农业问题和人口问题[①]。在这段时间还相继出版了一系列关于社会调查方法的著作,比如蔡毓骢的《社会调查之原理及方法》(1927年)、樊弘的《社会调查方法》(1927年)、言心哲的《社会调查大纲》(1933年)和李景汉的《实地调查方法》(1933年)。

中国当代社会调查的发展始于20世纪70年代末社会学和政治学恢复以后。1979年3月30日邓小平在《坚持四项基本原则》讲话中指出:"政治学、法学、社会学以及世界政治的研究,我们过去多年忽视了,现在也需要赶快补课。"[②]随后1980年先后成立中国社会科学院社会学研究所和中国政治学会,各高校相继建立了社会学系和政治学系。社会学恢复后开展的第一项社会调查《中国青年生育意愿调查》受联合国教科文组织委托,从1979年11月着手准备,由中国社会科学院社会学所组织实施。1986年10月和12月先后成立了第一家学术性民意调查与研究机构——中国人民大学舆论研究所和第一家民营的社会调查机构——中国社会

---

① 范伟达、范冰:《中国调查史》,复旦大学出版社2015年版,第68—74、79—82页。关于20世纪二三十年代社会学调查研究的介绍还可参考侯建新:《二十世纪二三十年代中国农村经济调查与研究述评》,《史学月刊》2000年第4期;韩明谟:《中国社会学调查研究方法和方法论发展的三个里程碑》,《北京大学学报》1997年第4期。

② 《邓小平文选》第2卷,人民出版社1994年版,第180—181页。

调查所①。关于中国政治学领域社会调查的学术机构和研究,将在本章第四节专门讨论,在此不一一赘述。

从20世纪80年代开始,国家相关政府部门和群团组织,包括统计部门、农业部门、民政部门、全国工商联等,也大范围开展了各类社会调查。比如,1984年以来,国家体改委中国经济体制改革研究所第四研究室组织了"关于价格改革的社会心理反应、劳动制度改革的社会心理反应、改革中的价值观变迁、改革中的行为规范等14次大规模的社会调查"②。1987年5月,在这些调查研究工作的基础上,中国经济体制改革研究所成立了第一个全国性的官方民意调查机构——中国社会调查系统,随后开展了一系列使用分层抽样方法的民意调查③。从1991年开始每两年开展一次的全国私营企业调查,曾经由国家体改委、国家工商局、中央统战部门、全国工商联、中国社科院等机构主持④。自20世纪80年代初开始,不同的主体,包括政府部门、群团组织、学术机构、媒体以及民意调查企业,开展了一系列的社会调查,掀起了一场新的中国社会调查运动⑤。

---

① 喻国明:《解构民意:一个舆论学者的实证研究》,华夏出版社2001年版,第16页。

② 中国社会调查系统:《中国社会调查系统简介》,《社会学研究》1998年第1期。

③ 同上;Wenfang Tang, *Public Opinion and Political Change in China*, Stanford University Press, 2005, p.37. 范伟达、范冰在《中国调查史》一书中指出"始建于1986年1月的中国社会调查所(China Survey Service)是中国大陆创办最早、规模最大的民间独立的服务型社会调查事业单位之一",参见范伟达、范冰:《中国调查史》,复旦大学出版社2015年版,第489页。

④ 《中国的私营企业》,中国研究服务中心网站,http://ww2.usc.cuhk.edu.hk/DCS/DCS31-16.aspx,最后浏览日期:2017年7月7日。关于在中国开展的社会调查的数据和信息,可参见中国研究服务中心的中国研究数据库(DCS),http://ww2.usc.cuhk.edu.hk/DCS/Catalog.aspx。

⑤ 关于中国民间社会调查机构的介绍可参见 Wenfang Tang, *Public Opinion and Political Change in China*, Stanford University Press, 2005, p.38;范伟达、范冰:《中国调查史》,复旦大学出版社2015年版,第483—504页。

第二节 调查周期中的误差与规避

"社会调查方法论致力于识别与社会调查成本和质量相关的调查设计、调查数据收集和分析的一系列原则。这意味着社会调查方法论关注如何在维持成本不变的情况下提高调查质量,或者在保证质量不变的情况下降低调查成本。"[1]因此,社会调查方法论中天然地存在一种权衡(trade-off):提高质量往往意味着更高的调查成本,因此在成本和现实可行性等因素的限制下,研究人员在设计社会调查时需要决定哪些方面可以做出适当的牺牲,保证一定的调查质量。而对社会调查方法的研究就是明确不同类型的误差如何影响调查质量,从而帮助研究人员做出上述决定。历史上,对社会调查中误差的关注主要集中在抽样误差(sampling error)上。从20世纪80年代开始,大家逐渐认识到非抽样误差,比如不合适的抽样框、无回答(nonresponse)、采访人员的干扰等,往往比抽样误差更大,对调查质量的影响更多,因此对调查质量的讨论日益形成一种"全误差(total survey error,TSE)"视角[2]。罗伯特·格罗夫斯和他的合作者在社会调查方法论的经典教科书中总结了在社会调查完整周期中的所有误差(如图6-1所示)[3]。

---

[1] Robert Groves, et al., *Survey Methodology*, John Wiley & Sons, Inc., 2009, p.30.

[2] James Wright, and Peter Marsden, "Survey Research and Social Science: History, Current Practices, and Future Prospects", in Peter Marsden, and James Wright, eds., *Handbook of Survey Research*, 2nd edition, Emerald Group Publishing Limited, 2010, pp.3-26.

[3] Robert Groves, et al., *Survey Methodology*, John Wiley & Sons, Inc., 2009. 其他经典的社会调查教科书包括 Earl Babbie, *Survey Research Methods*, Wadsworth Pub. Co., 1998; Floyd Fowler, *Survey Research Methods*, 5th edition, Sage, 2014。

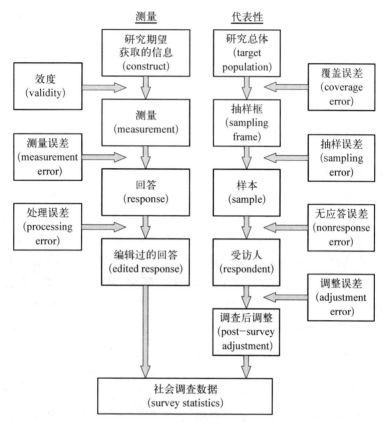

图 6-1 质量视角下的社会调查生命周期图

资料来源：Robert Groves, et al., *Survey Methodology*, John Wiley & Sons, Inc., 2009, p.48。

下面进一步讨论图 6-1 中七类误差中的覆盖误差、无答复误差和测量误差①。

---

① 社会调查中抽样设计是至关重要的一环。抽样误差是社会调查研究中发展得最成熟的部分，这在很大程度上得益于概率抽样理论的发展。抽样误差包括两大类：抽样偏差和抽样方差(sampling variance)。抽样偏差指抽样框中的某些对象(units)（转下页）

一、覆盖误差

覆盖误差是指研究的研究总体(target population)与抽样使用的抽样框(sampling frame)之间的不一致。研究总体即研究者希望通过社会调查得出结论的群体,包括人群、组织或事件等。抽样框是一个能够找到研究总体所有构成成员的列表。常见的抽样框有地址列表、电话号码簿以及地图等。涵盖偏差包括覆盖不全(undercoverage)、涵盖非目标人群(ineligible units)、聚集偏差(clustering of target population elements within frame elements)、重复(duplication of target population elements in sampling frames)。

每一类抽样框都有可能存在以上这四种涵盖偏差。以电话号码簿为例,假定研究总体就是普通民众[①],基于固定电话号码簿的社会调查往往无法覆盖贫困人群,而随着移动手机对固定电话的替代,这样的抽样框很有可能遗漏对新技术接受和采用得更快的年轻人。随机拨号调查(random digit dialing,RRD)使用的电话号码抽样框也覆盖了大量没有对应住户的空号(涵盖非目标人群),同时也存在好几个居客使用同一个号码(聚集偏差)以及一个居民使用若干电话号码(重复)的情况。而基于政府登记的居民信

(接上页)被选入样本的概率为零。概率抽样(probability sample)调查与非概率抽样调查相比最大的优势在于知道受访对象被选入样本的概率,因此在分析中可以依据抽样调查的数据推断研究总体的情况。虽然概率抽样调查更为普遍,非概率抽样调查,比如配额抽样、滚雪球抽样、方便样本(convenience sampling)等,在某些情况下也有价值,比如针对某些无法获得相应抽样框、较难接近的特定人群(rare population)的调查,包括素食主义人群、性工作人群等。非概率抽样调查也可用于建立某些假设和预调查。更多关于抽样的系统介绍,可参考[美]艾尔・巴比:《社会研究方法(第10版)》,邱泽奇译,华夏出版社2005年版,第173—210页;Robert Groves, et al., *Survey Methodology*, John Wiley & Sons, Inc., 2009, pp.97-149。

① 在具体调查中,对研究总体的定义需要具体明确,比如美国大多数居民调查中研究总体指18岁以上在美国有住所的人,对于什么是住所及其类型在调查初期也应有明确界定。

息,同样有可能存在遗漏居住在某地但是没有进入政府人口登记系统的人群等涵盖偏差①,而使得抽样框的信息无法与研究总体一一对应。在开展网络调查时,运用得比较多的是电子邮件列表。基于电子邮箱信息的抽样框的主要问题是存在一定程度的自选择(self-select)偏差,抽样框中涵盖的是使用网络且愿意公开自己的邮箱地址并参与网络社会调查的群体,包括以参与网上问卷赚取收入的群体,如果这部分群体和没有涵盖入抽样框的群体在研究人员关注的研究问题(或其影响变量)上存在显著的差异,那么将会在研究中引入系统偏差(bias)。处理覆盖误差时运用得比较多的方法是"半开区间(half-open interval)"法和运用多类抽样框②。

二、无应答误差

无应答指在调查的数据采集过程中,无法获得某个资格受访人的任何一项回答,即单元无应答(unit nonresponse,UNR),或者受访人在参与调查时对具体某个或某些问题无回答,即选项无应答(item nonresponse,INR),包括"不知道""拒绝回答""没有观点"等情况。无应答误差指基于调查得出的参数估计与样本总体参数之间的不一致。罗伯特·格罗夫斯和他的合作者在关于调查无应答的专著中指出无应答影响调查质量的两个途径:第一,在总体参数值估计中引入偏差;第二,在方差估计中引入偏差③。无应答对方差估计的影响及对策研究已经取得较大成果,比如,多重插补(multiple imputation)能有效解决选项无应答对方差估计的影响。而对无应答如何影响参数值估计的研究似乎还不是那么令

---

① 更多的讨论参见本章第四节关于流动人口的讨论。
② Robert Groves, et al., *Survey Methodology*, John Wiley & Sons, Inc., 2009, pp.88-96.
③ Robert Groves, Don Dillman, John Eltinge, and Roderick Little, eds., *Survey Nonresponse*, John Wiley, 2002.

人满意。假设 $\overline{Y}$ 是样本全体某特征的均值,$\overline{Y}_r$ 是所有受访人的均值,$\overline{Y}_m$ 是所有样本中未回答问卷人群的均值,m 是样本中未回答问卷人数的数量,n 是样本总体人数。下面的方程显示了无应答怎样对估计值本身产生偏差。当 $\overline{Y}_r - \overline{Y}_m$ 不等于零时则存在无应答偏差。

$$\overline{Y}_r = \overline{Y} + \left(\frac{m}{n}\right)[\overline{Y}_r - \overline{Y}_m]$$

在较长一段时间,社会调查研究人员的主要精力都集中在如何将无应答率(nonresponse rate)降到最低。尤其是在过去几十年许多发达国家的社会调查应答率逐渐下降[1],对无应答率的担心极大地激发了对这个领域的研究。一些学者认为应答率低于50%将极大提高分析中的偏差,有些研究人员甚至认为应答率低于70%都是不可接受的[2]。在这些表述的背后暗含了一个需要被检验的预设,即无应答者与回答者之间具有显著的差异,并且是否参与调查或回答问卷中的某个问题与调查人员感兴趣的变量有较强的相关关系。罗伯特·格罗夫斯和伊米莉亚·佩特切娃(Emilia

---

[1] Barbara Kathrin Atrostic, Nancy Bates, Geraldine Burt, and Adriana Silberstein, "Nonresponse in US Government Household Surveys: Consistent Measures, Recent Trends, and New Insights", *Journal of Official Statistics*, 2001, 17, pp.209-226; Michael Brick, and Douglas Williams, "Explaining Rising Nonresponse Rates in Cross-Sectional Surveys", *Annals of the American Academy of Political and Social Science*, 2013, 645, pp.36-59; Edith de Leeuw, and Wim de Heer, "Trends in Househld Survey Nonresponse: A Longitudinal and International Comparison", in Robert Groves, Don Dillman, John Eltinge, and Roderick Little, eds., *Survey Nonresponse*, John Wiley, 2002, chapter 3. 对回答率下降原因的详细讨论参见 John Dixon, and Clyde Tucker, "Survey Nonresponse", in Peter Marsden, and James Wright, eds., *Handbook of Survey Research*, 2nd edition, Emerald Group Publishing Limited, 2010, pp.593-629。

[2] Earl Babbie, *Survey Research Methods*, 2nd edition, Wadsworth Pub. Co., 2004;有学者认为在面访调查中,回答率低于70%将极大提高分析中偏差的概率,具体参见 Royce Singleton, and Bruce Straits, *Approaches to Social Research*, 4th edition, Oxford University Press, 2005, p.145。

Peytcheva)通过总结现有59项研究中关于无应答率导致偏差的959个估计值,并没有发现无应答率与无应答偏差显著相关①。研究人员呼吁对无应答影响调查质量的研究应该更加细致,分析不同类型无应答的具体原因,以判断其是否及带来什么样的偏差。如果上述预设不成立,那么无应答并不会产生无应答误差,提高应答率也并不意味着降低无应答误差。

标准的对回答率的定义为②:

$$\frac{I}{I+R+NC+O+e(UH+UO)}$$

其中,I为完成的访问,R为拒访和中间弃访的,NC为无法接触,O为其余合格访员但是没有完成访问的情况,UH为未知住户是否住人,UO为无法判断受访资格,e为前面两种无法判断情况中符合访员资格的比率。根据这个定义,计入无应答的情况包括:拒绝回答或参与(refusal)、无法接触(noncontact)、样本中符合受访资格但因为其他原因没有完成采访。

不同类型社会调查的 UNR 率不尽相同。基于20世纪美国中后叶的数据,面访调查的 UNR 率为20%,电话调查的 UNR 率

---

① Robert Groves, and Emilia Peytcheva, "The Impact of Nonresponse Rates on Nonresponse Bias: A Meta-Analysis", *Public Opinion Quarterly*, 2008, 72, pp.167-189;类似的发现参见 Mark Meterko, et al., "Response Rates, Nonresponse Bias, and Data Quality", *Public Opinion Quarterly*, 2015, 79(1), pp.130-144; Daniel Merkle, and Murray Edelman, "Nonresponse in Exit Polls: A Comprehensive Analysis", in Robert Groves, Don Dillman, John Eltinge, and Roderick Little, eds., *Survey Nonresponse*, John Wiley, 2002, pp.243-259。

② Robert Groves, et al., *Survey Methodology*, John Wiley & Sons, Inc., 2009, p.184.对不同类型社会调查中回答率的定义可参考 John Dixon, and Clyde Tucker, "Survey Nonresponse", in Peter Marsden, and James Wright, eds., *Handbook of Survey Research*, 2nd edition, Emerald Group Publishing Limited, 2010, pp.593-629。

为30％,邮寄问卷调查调查的 UNR 率为50％①。无法接触导致的 UNR 在分析中有可能带来偏差,比如在中国农村的调查,由于无法接触常年在外地打工的人群,完成采访的人群中老年人口比例较高,这在后期需要通过权重调整对分析结果进行处理;其次对目标人群平均花多少时间待在家的推断也将是有偏差的,因为无法接触的人群大多数待在家中的时间较短。社会调查的经验累积已经帮助总结了一些影响接触率的因素和提高接触成功率的方法,比如电话访谈的最佳时间是周日晚上到周四晚上的6～9点②、采用多种模式开展调查有助于提高接触成功率等。

拒绝参与社会调查的原因及对策获得了研究人员较多的关注。在过去几十年,社会调查的应答率不断下降,拒访率的提高是主要原因之一③。一般来说,拒访指的是合格的受访对象缺乏参与调查的意愿。不同类型的社会调查对于界定什么是拒访存在细微差别。与面访相比,电话调查、网络调查和邮寄问卷调查中的拒访通常更难与其他因素完全区分开来④,比如,在电话采访中无法完成对使用语音留言系统用户的采访到底应视为拒访还是无法接触?对于拒绝参与社会调查的原因,研究者总结了以下因素:

---

① Julie Yu, and Harris Copper, "A Quantitative Review of Research Design Effects on Response Rates to Questionnaires", *Journal of Marketing Research*, 1983, 20, pp.36-44.

② Robert Groves, et al., *Survey Methodology*, John Wiley & Sons, Inc., 2009, pp.194-195.

③ 比如,在接触率提高的情况下,美国国家选举研究(ANES)的回答率在40年间下降了20个百分点,拒访率的提高是其主要原因,参见 Jake Bowers, and Michael Ensley, "Issues in Analyzing Data from the Dual-Mode 2000 American National Election Study", *ANES Technical Report Series*, No. nes010751;接触率提高的信息参见 Robert Groves, and Mick Couper, *Nonresponse in Household Interview Surveys*, Wiley, 1998。

④ Dutwin, et al., "Current Knowledge and Considerations Regarding Survey Refusals", *Public Opinion Quarterly*, 2015, 79(2), pp.411-419.

(1) 社会环境因素,大城市的拒访率较高,多人住户的拒访率低于单人住户[1];(2) 个人因素,在美国,非白人群体的拒访率高于白人群体,高拒访率人群的社会参与程度也较低,并且男性的拒访率高于女性[2];(3) 访员因素,比较有经验的访员采访时拒访率更低[3];(4) 社会调查设计,包括访问的长度和采访附加的物质激励等[4]。

在物质激励对调查 UNR 率以及调查质量的影响方面,多数研究发现物质激励能有效提高各种类型社会调查的合作率[5]。并且物质激励给予的方式、时间点以及调查的方式对物质激励的效果有影响。调查前支付物质激励的方式比完成调查后给予物质奖

---

[1] 参见 Robert Groves, and Mick Couper, *Nonresponse in Household Interview Surveys*, Wiley, 1998。

[2] Dutwin, et al., "Current Knowledge and Considerations regarding Survey Refusals", *Public Opinion Quarterly*, 2015, 79(2), pp.411-419; Tom Smith, "The Hidden 25 Percent: An Analysis of Nonresponse on the 1980 General Social Survey", *Public Opinion Quarterly*, 1983, 47, pp.386-404.

[3] 参见 Robert Groves, and Mick Couper, *Nonresponse in Household Interview Surveys*, Wiley, 1998。

[4] 社会调查的开展机构属性也会影响回答率,由于公共部门的权威,政府部门开展的社会调查的回答率一般高于其他机构开展的社会调查。

[5] 参见 Allan Church, "Estimating the Effect of Incentives on Mail Survey Response Rates: A Meta-Analysis", *Public Opinion Quarterly*, 1993, 57, pp.62-79; Eleanor Singer, John Hoewyk, Nancy Gebler, Raghunathan Trivellore, and Katherine McGonagle, "The Effect of Incentives on Response Rates in Interviewer-Mediated Surveys", *Journal of Official Statistics*, 1999, 15, pp.217-230; Eleanor Singer, and Cong Ye, "The Use and Effects of Incentives in Surveys", *Annals of the American Academy of Political and Social Science*, 2013, 645, pp.112-141。更多的相关文献的综述可参见 Klaus Pforr, et al., "Are Incentive Effects on Response Rates and Nonresponse Bias in Large-scale, Face-to-face Surveys Generalizable to Germany? Evidence from Ten Experiments", *Public Opinion Quarterly*, 2015, 79 (3), pp.740-768. 也有例外,比如下列研究并没有发现物质激励对回答率的正面作用,参见 Elizabeth Martin, Denise Abreu, and Franklin Winters, "Money and Motive: Effects of Incentives on Panel Attrition in the Survey of Income and Program Participation", *Journal of Official Statistics*, 2001,17, pp.267-284; Annette Scherpenzeel, and Vera Toepoel, "Recruiting a Probability Sample for an Online Panel: Effects of Contact Mode, Incentives, and Information", *Public Opinion Quarterly*, 2012, 76, pp.470-490。

励能带来更高的调查合作率[1]。现金形式的物质激励比礼物、彩票或慈善捐助的形式对合作率的积极影响更大[2]。通过总结40多个实验研究,研究人员发现与其他方式相比,邮寄问卷调查中预先支付物质激励的方式能给合作率带来最大的回报[3]。并且收入水平和教育水平较低、年轻人及少数族裔群体与其他群体相比,更容易受到物质激励的影响而参与社会调查[4]。有研究者指出,尽管物质激励能够提高应答率,但可能会降低回答的质量[5]。由于物质刺激才参与某项调查而对调查本身缺乏实质动力和兴趣有可能会增加答题时敷衍了事、草率答题的行为,从而影响调查的质量。然而,较近的实证研究并没有发现在电话调查中预先支付奖励会

---

[1] Eleanor Singer, John Hoewyk, Nancy Gebler, Raghunathan Trivellore, and Katherine McGonagle, "The Effect of Incentives on Response Rates in Interviewer-Mediated Surveys", *Journal of Official Statistics*, 1999, 15, pp.217-230; Annette Scherpenzeel, and Vera Toepoel, "Recruiting a Probability Sample for an Online Panel: Effects of Contact Mode, Incentives, and Information", *Public Opinion Quarterly*, 2012, 76, pp.470-490.

[2] Eleanor Singer, John Hoewyk, Nancy Gebler, Raghunathan Trivellore, and Katherine McGonagle, "The Effect of Incentives on Response Rates in Interviewer-Mediated Surveys", *Journal of Official Statistics*, 1999, 15, pp.217-230; Eleanor Simmons, and Amanda Wilmot, "Incentive Payment on Social Surveys: A Literature Review", *Social Survey Methodology Bulletin*, 2004, 53, pp.1-11.

[3] Andrew Mercer, Andrew Caporaso, David Cantor, and Reanne Townsend, "How Much Gets You How Much? Monetary Incentives and Response Rates in Household Surveys", *Public Opinion Quarterly*, 2015, 79(1), pp.105-129.

[4] Eleanor Simmons, and Amanda Wilmot, "Incentive Payment on Social Surveys: A Literature Review", *Social Survey Methodology Bulletin*, 2004, 53, pp.1-11; Tomas Philipson, "Data Markets and the Production of Surveys", *Review of Economic Studies*, 1997, 64, pp.47-72.

[5] David Cantor, Barbara O'Hare, and Kathleen O'Connor, "The Use of Monetary Incentives to Reduce Nonresponse in Random Digit Dial Telephone Surveys", in Lepkowski James, et al., eds., *Advances in Telephone Survey Methodology*, Wiley, 2008, pp.471-498; Eleanor Singer, and Cong Ye, "The Use and Effects of Incentives in Surveys", *Annals of the American Academy of Political and Social Science*, 2013, 645, pp.112-141. 对具体原因和作用机制的讨论参见 Rebecca Medway, and Roger Tourangeau, "Response Quality in Telephone Surveys: Do Prepaid Cash Incentives Make a Difference?", *Public Opinion Quarterly*, 2015, 79(2), pp.525-526。

降低答题的质量①。

社会心理学的相关理论有助于我们了解拒访发生的心理机制,比如杠杆作用显著理论(leverage salience theory)、经济交换理论(economic exchange theory)、社会交换理论(social exchange theory)和认知失调理论(cognitive dissonance theory)。以杠杆作用显著理论为例,不同受访人有不同的特质组合,比如有些对某类调查的主题更感兴趣、有些对调查的时间成本更敏感、有些对调查的物质激励更敏感,这些特质是采访人员事先无法获悉的;采访人员在一开始接触介绍调查项目时,会强调不同的方面——比如调查的主持机构和主题,这使得某些认可主持机构和对主题感兴趣的受访人更有可能同意参与调查。在这个理论下,调查人员需要尽快发现受访人显著关心的方面并对介绍作出迅速的调整。罗伯特·格罗夫斯和他的合作者较早提出了受访人参与社会调查的感知理论,他们认为受访人参与调查的动机主要包括:互惠、对权威的尊重、渴求自己的声音被听到、认可调查主持机构等②。约翰·布雷姆(John Brehm)提出了一个分析受访人参与社会调查的分析模型,其中影响受访人参与某项社会调查的因素主要是受访人与访员的关系、受访人的状态(包括健康、情绪)等③。这些因素在大多数情况下与政治学家关心的研究变量没有多大关系。除了政治参与及政治兴趣相关的议题,花较大成本换来回答率的些许提升似乎对后期分析的积极影响甚小④。

---

① Rebecca Medway, and Roger Tourangeau, "Response Quality in Telephone Surveys", *Public Opinion Quarterly*, 2015, 79(2), pp.524-543.

② Robert Groves, Robert Cialdini, and Mick Couper, "Understanding the Decision to Participate in a Survey", *Public Opinion Quarterly*, 1992, 56, pp.475-495.

③ 参见 John Brehm, *The Phantom Respondents: Opinion Surveys and Political Representation*, University of Michigan Press, 1993。

④ Richard Johnston, "Survey Methodology", in Janet Box-Steffensmeier, Henry Brady, and David Collier, eds., *The Oxford Handbook of Political Methodology*, Oxford University Press, 2008, pp.385-403.

针对INR,现有文献关注的成因可以归为背景因素和个人因素两类。亚当·柏云斯基(Adam Berinsky)通过考察观点形成过程和观点表达过程中的背景因素来考察民意调查中INR的成因,这些背景因素包括问题的难易程度、明晰程度、与问题相关的主流话语(elite discourse)、问题涉及的社会期望(social desirability/pressure)、访员效应(interviewer effect)等[1]。其他背景因素还包括对题目的感兴趣程度以及情感卷入程度、对自身形成观点和理解主题能力的自信程度、形成观点的功用、调查方式(数据采集的方式)和问题所在问卷的位置等[2]。在影响INR的个人因素中强调得比较多的是受访人的认知水平和动机[3]。由于教育程度影响着认知水平,因此,低教育水平被认为是导致INR的主要因素之一。但也有实验研究发现,较低教育水平的群体为了维护颜面不被访员认为自己很无知,更有可能在调查中营造观点,避免承认"不知道"[4]。已有实证研究显示回答"不知道"与"知道"的两类被访者经常在政治态度上存在显著的差异,比如亚当·柏云斯基和他的合作者对俄罗斯改革态度调查中选择"不知道"的受访人进行详细的分析,发现他们更倾向反对市场改革而支持再分配[5]。回

---

[1] 参见 Adam Berinsky, *Silent Voices: Public Opinion and Political Participation in America*, Princeton University Press, 2004。

[2] Jon Krosnick, "The Causes of No-Opinion Response to Attitude Measures in Surveys: They Are Rarely What They Appear to Be", in Robert Groves, Don Dillman, John Eltinge, and Roderick Little, eds., *Survey Nonresponse*, John Wiley, 2002, pp.87-102.

[3] 更详细的综述可参见 Liying Ren, *Surveying Public Opinion in Transitional China: An Examination of Survey Response*, Ph. D. dissertation, University of Pittsburgh, 2009; Jianhua Zhu, "'I don't know' in Public Opinion Surveys in China: Individual and Contextual Causes of Item Non-response", *Journal of Contemporary China*, 1996, 5, pp.223-244。

[4] George Bishop, Robert Oldendick, Alfred Tuchfarber, and Stephen Bennett, "Pseudo-Opinions on Public Affairs", *Public Opinion Quarterly*, 1980, 44, pp.198-209.

[5] Adam Berinksy, and Joshua Tucker, "Don't Knows' and Public Opinion towards Economic Reform: Evidence from Russia", *Communist and Post-Communist Studies*, 2006, 39(1), pp.73-99.

答"不知道"的受访人并不是真的在某个问题上没有态度。柏云斯基通过分析美国的民意调查数据发现,在种族政策、社会福利政策和战争政策方面,回答"不知道"的受访人的态度与其他受访人存在系统的差异①。在分析中简单忽略无应答与不忽略无应答会得出截然不同的结论。研究者呼吁对 INR 背后的发生机制进行更深入的研究。与测量误差上的应用相比,认知心理学相关理论在 INR 方面的运用比较有限,还有较大的发展空间。

三、测量误差

测量误差指的是真实测量值与受访人回答之间的不一致。最常见的例子就是由于社会期望偏差(social desirability bias)导致的测量误差,比如询问关于受访人使用违禁药品的情况,受访人由于社会压力极有可能低报和隐瞒实情,导致测量误差。学者提出了不同的关于调查应答(survey response)的模型来分析为什么及在什么情况下受访人不会真实地回答调查中的问题,希望对症下药尽可能地降低调查中的测量误差。

传统的关于调查应答的模型认为,对社会调查问题的回答是受访人显示自己对某个议题的固定偏好。近二十年来,伴随着认知心理学理论的发展,社会科学家认为,与传统模型认为个人对不同议题拥有明确态度或偏好不同,在大多数情况下,个人对政治议题不过拥有一系列部分独立和不一致的看法,因此,对调查中问题的回答不过是在个人潜在回答分布中的随机提取②。比

---

① 参见 Adam Berinsky, *Silent Voices: Public Opinion and Political Participation in America*, Princeton University Press, 2004。

② John Zaller, and Stanley Feldman, "A Simple Theory of the Survey Response: Answering Questions versus Revealing Preferences", *American Journal of Political Science*, 1992, 36(3), pp.579-616; Adam Berinsky, *Silent Voices: Public Opinion and Political Participation in America*, Princeton University Press, 2004, pp.15-19.

如，根据约翰·扎勒（John Zaller）的接收-接受-抽样（reception-acceptance-sampling，RAS）模型①，对问卷中问题的回答其实是采访当下受访人脑中闪过的即时显著（immediately salient）的观点，缺乏仔细考虑。社会调查的回答并非显示偏好，而只是一些观点陈述（opinion statements），是人们对某个议题的部分担心和倾向的一个样本。不同时间点在受访人脑中获得显著地位的观点不一样，同一个人对同一问题的回答也会不一样。这些模型暗含了采访时当下背景因素的重要性。

另一类文献则进一步凸显和明晰了采访环境和背景因素的重要性：调查的本质是一种交谈，是在特定的社会和交谈背景下访员与受访人之间的互动。因此，对调查中问题的回答过程除了需要关注受访人的认知过程外，还应该格外关注社会交流和个人思维之间的复杂互动过程②。与日常朋友之间的交谈不同，社会调查中的交谈建立在陌生关系基础上，由于无法判断访员的态度和知识水平，受访人最常使用的交谈策略就是自我规范言行，给出符合社会规范的答案使得自己免于丧失颜面。对于一些敏感问题，比如犯罪行为、性观念、贿选等，社会期望偏差导致了较大的测量误差③。而知识型问题更容易导致受访人的紧张焦虑和瞎

---

① John Zaller, *The Nature and Origin of Mass Opinion*, Cambridge University Press, 1992.
② Seymacr Sudman, Norman Bradburn, and Norbert Schwarz, *Thinking About Answers: The Application of Cognitive Processes to Survey Methodology*, Jossey-Bass Publishers, 1996; Jean Converse, and Howard Schuman, *Conversations at Random: Survey Research as Interviewers See It*, John Wiley & Sons, 1974. 还可参见 Adam Berinsky, *Silent Voices: Public Opinion and Political Participation in America*, Princeton University Press, 2004, pp.16-19。
③ Eleanor Singer, Dawn R. Von Thurn, and Esther R. Miller, "Confidentiality Assurances and Response: A Quantitative Review of the Experimental Literature", *Public Opinion Quarterly*, 1995, 59, pp.66-77; Roger Tourangeau, and Tom Smith, "Asking Sensitive Questions: The Impact of Data Collection Mode, Question Format, and Question Context", *Public Opinion Quarterly*, 1996, 60, pp.275-304.

猜。有研究指出,男性和女性在政治知识水平上的差异主要源于男性在不知道的情况下比女性更勇于猜测①。采访人员是重要的环境背景因素之一。在社会调查中,受访人感知到的采访员的社会阶层、宗教、种族以及性别取向都会对受访人回答某些问题产生影响,这些影响统称为采访员效应②。比如,经典的底特律地区调查(Detroit Area Study,DAS)曾发现:"访员的种族特征"解释了调查反映的当地美国黑人对白人敌意这一变量方差的四分之一,黑人受访者在回答对美国白人敌意程度的一系列问题时,使用白人访问员反映出的水平要显著低于使用黑人访问员的采访;并且无论是黑人还是白人受访者,都不太会表达出对访问员所属肤色群体的批评和负面意见③。在政治知识型问题的回答中,实验研究发现,与被非洲裔美国访员采访相比,非洲裔美国人被美国白人访员采访的答错率更高:这种差异并不是来自性别或教育程度的差别,而是出于"偏见威胁(stereotype threat)",即非洲裔美国受访人被美国白人访员采访时,经受着访员偏见(非洲裔美国人的政治知识水平低)的威胁和急于证明这种偏见不成立的压力,在回答问题时紧张和焦虑的程度更高,导致答题

---

① Jeffrey Mondak, and Mary Anderson, "The Knowledge Gap: A Reexamination of Gender-Based Differences in Political Knowledge", *Journal of Politics*, 2004, 66, pp.492-512.

② 参见亚当·柏云斯基的文献总结,Adam Berinsky, *Silent Voices: Public Opinion and Political Participation in America*, Princeton University Press, 2004, p.20; Nora Schaeffer, Jennifer Dykema, and Douglas Maynard, "Interviewers and Interviewing", in Peter Marsden, and James Wright, eds., *Handbook of Survey Research*, 2nd edition, Emerald Group Publishing Limited, 2010, pp.437-470;[美]弗洛伊德·福勒、[美]托马斯·曼吉奥诺:《标准化调查访问:如何实现访问员相关误差最小化》,孙龙、徐方敏译,重庆大学出版社2009年版,第54—66、87—90页。

③ Howard Schuman, and Jean Converse, "The Effects of Black and White Interviewers on Black Responses in 1968", *Public Opinion Quarterly*, 1971, 35, pp.44-68.

出错率提高①。也有研究者关注访问员的个体特征(比如教育水平)是如何影响访问员与受访者之间的关系,包括相互间的好感、双方的交流方式,以及其对数据质量的影响②。

受访人在回答态度类问题时的认知过程包括以下四个环节:(1)理解提出的问题;(2)从记忆中提取所有相关信息;(3)将信息整合形成一个总的判断和估计;(4)将形成的判断尽可能清楚和准确地表达出来③。问卷结构,包括问题的顺序,也是影响受访人回答的重要因素。邻近问题会对接下来问题的理解和信息的提取产生影响。比如,在理解问题环节,尤其是一些不太为人熟知的议题(比如货币管理法案),在问题前提供一些相关信息(比如通货膨胀的题目),有助于让受访人认为两者之间存在关联(货币管理法案是控制通货膨胀的主要手段),从而降低对这个问题的无应答率④。居前问题对后面问题回答中信息提取也会产生影响,这通常被称为启动效应(priming effect)。比如,关于女权的问题会影响到后面堕胎议题的回答,由于前面的问题启动了受访人关于女性权利的意识和信息提取

---

① Darren Davis, and Brian Silver, "Stereotype Threat and Race of Interviewer Effects in a Survey on Political Knowledge", *American Journal of Political Science*, 2003, 47, pp.33-45.

② [美]弗洛伊德·福勒、[美]托马斯·曼吉奥诺:《标准化调查访问:如何实现访问员相关误差最小化》,孙龙、徐方敏译,重庆大学出版社2009年版,第90—94页。

③ Charles Cannell, Peter Miller, and Lois Oksenberg, "Research on Interviewing Techniques", *Sociological Methodology*, 1981, 12, pp.389-437; Roger Tourangeau, and Kenneth Rasinski, "Cognitive Processes Underlying Context Effects in Attitude Measurement", *Psychological Bulletin*, 1988, 103, pp.299-314; Robert Groves, et al., *Survey Methodology*, John Wiley & Sons, Inc., 2009, pp.218-223.

④ Roger Tourangeau, and Kenneth Rasinski, "Cognitive Processes Underlying Context Effects in Attitude Measurement", *Psychological Bulletin*, 1988, 103, pp.299-314; Howard Schuman, and Stanley Presser, *Questions and Answers in Attitude Surveys: Experiments in Question Form, Wording and Context*, Sage Publications, 1996.

过程,这种激活效应会传递到与女性权利紧密相关的其他意识和信息,比如支持堕胎,这使得在回答后面堕胎相关问题时,支持堕胎的信息更容易被提取出来[1]。

乔恩·克罗斯尼克(Jon Krosnick)认为当访问给受访人带来较大认知上的负担时,受访人经常使用满意化(satisficing)策略进行应答,即简单化问答中的信息提取及整合,而不是给出最深思熟虑的答案[2]。具体的满意化策略包括选择听到的第一个比较合理的答案,同意问卷中的说法(acquiescence),支持维持现状、反对社会变化,在评价某些类似物品或现象时不进行区分而给出相同评价,以及回答"不知道"。其他满意化策略还包括在面访中常现的首位偏差(primacy bias)和在电话访问中常现的末尾偏差(recency bias)等[3]。

在回答风格(response style)上,不同群体也存在差异。有些群体(包括不同年龄、教育程度和家庭收入群体)倾向给出较温和的答案,而另一些群体则倾向给出较极端的答案[4]。不同种族群

---

[1] Roger Tourangeau, and Kenneth Rasinski, "Cognitive Processes Underlying Context Effects in Attitude Measurement", *Psychological Bulletin*, 1988, 103, pp.299-314.关于启动效应的文献,可参见 Robert Wyer, Galen Bodenhausen, and Theresa Gorman, "Cognitive Mediators of Reactions to Rape", *Journal of Personality and Social Psychology*, 1985, 48, pp.324-338; Tory Higgins, William Rholes, and Carl Jones, "Category Accessibility and Impression Formation", *Journal of Experimental Social Psychology*, 1977, 13, pp.141-154。

[2] Jon Krosnick, "Response Strategies for Coping with the Cognitive Demands of Attitude Measurement in Surveys", *Applied Cognitive Psychology*, 1991, 5, pp.213-236; Jon Krosnick, Sowmya Narayan, and Wendy Smith, "Satisficing in Surveys: Initial Evidence", *New Directions for Evaluation*, 1996, 70, pp.29-44.

[3] 首位偏差指在回答封闭型问题时受访人倾向选择听到的第一个答案选项,末尾偏差指受访人倾向选择听到的最后一个答案选项。对在问题回答过程中存在的其他测量误差的总结可参见 Robert Groves, et al., *Survey Methodology*, John Wiley & Sons, Inc., 2009, pp.225-242。

[4] Eric Greenleaf, "Measuring Extreme Response Style", *Public Opinion Quarterly*, 1992, 56, pp.328-351.

体在回答中倾向同意以及选择极端答案方面也有较大区别①。这暗示了文化背景因素对应答的影响。

背景因素导致的测量误差让社会调查研究人员格外重视数据收集方式、问题的措辞、顺序、格式和访员的特征和配置,并在这些方面开展了较多的实验研究②。比如,研究人员比较了不同数据采集模式后发现,与面访相比,采取自填问卷的形式提高了承认使用违禁药品的受访人比例③。对调查中社会期望偏差的担心催生了新的提问技术的发展,比如列举实验。而调查中问题措辞和顺序对问题回答的影响,直接催生和推动了调查实验的发展④。在社会调查中,什么样的问题才是好的问题? 在设计具体问题方面,

---

① Jerald Bachman, and Patrick O'Malley, "Yea-Saying, Nay-Saying, and Going to Extremes: Black-White Differences in Response Styles", *Public Opinion Quarterly*, 1984, 48, pp.491-509.

② 参见 Howard Schuman, and Stanley Presser, *Questions and Answers in Attitude Surveys: Experiments in Question Form, Wording and Context*, Sage Publications, 1996; Roger Tourangeau, and Tom Smith, "Asking Sensitive Questions: The Impact of Data Collection Mode, Question Format, and Question Context", *Public Opinion Quarterly*, 1996, 60, pp.275-304. 对问题形式的研究,参见 Jon Krosnick, and Matthew Berent, "Comparisons of Party Identification and Policy Preferences: The Impact of Survey Question Format", *Journal of Political Science*, 1993, 37, 941-964; Emily Gilbert, "A Comparison of Branched versus Unbranched Rating Scales for the Measurement of Attitudes in Surveys", *Public Opinion Quarterly*, 2015, 79, pp.443-470。关于问题措辞(question wording)的经典著作是 Stanley Payne, *The Art of Asking Questions*, Princeton University Press, 1951, 还可参见 Nora Schaeffer, and Stanley Presser, "The Science of Asking Questions", *Annual Review of Sociology*, 2003, 29, pp.65-88。关于调查中访员特征对调查质量影响的讨论综述,参见 Nora Schaeffer, Jennifer Dykema, and Douglas Maynard, "Interviewers and Interviewing", in Peter Marsden, and James Wright, eds., *Handbook of Survey Research*, 2nd edition, Emerald Group Publishing Limited, 2010, pp.437-470。

③ Roger Tourangeau, and Tom Smith, "Asking Sensitive Questions: The Impact of Data Collection Mode, Question Format, and Question Context", *Public Opinion Quarterly*, 1996, 60, pp.275-304.

④ Brian Gaines, James Huklinski, and Paul Quirk, "The Logic of the Survey Experiment Reexamined", *Political Analysis*, 2007, 15(1), pp.1-20.

研究人员给出了许多指导原则[①]。在开展正式田野调查之前,为了提高问题质量,调查团队经常综合运用以下多种问题评价方法:专家审核(expert review)、焦点团体、认知采访(cognitive interviewing)和预调查(pretest)等[②],以尽可能多地减少与问题相关的测量误差。而针对访问员导致的误差,比如进行诱导式提问等,则需要对调查访问的测量过程进行标准化[③]。

第三节 调查类型

社会调查方法论的"权衡"观也同样反映在了对不同类型社会调查的比较当中。调查成本和调查质量是比较调查类型(Mode)的主要维度。根据数据采集方式的不同,社会调查分为由访问员执行的调查(包括面访和电话调查)和受访人自填完成问卷(包括邮寄问卷调查和网络调查)。随着电脑在社会调查领域的广泛应用,近些年新兴的常见数据采集方式包括计算机辅助面访(computer-assisted personal interviewing, CAPI)、计算机辅助电话采访(computer-assisted telephone interviewing, CATI)、音频计算机辅助自填访谈(audio computer-assisted self-interviewing,

---

[①] Seymour Sudman, and Norman Bradburn, *Asking Questions: A Practical Guide to Questionnaire Design*, Jossey-Bass, 1982; Jean Converse, and Stanley Presser, *Survey Questions: Handcrafting the Standardized Questionnaire*, Sage, 1986; Robert Groves, et al., *Survey Methodology*, John Wiley & Sons, Inc., 2009, pp.242-254.

[②] 不同方法各有优劣。比如,焦点团体有利于帮助调查团队知道潜在受访人对议题的了解程度和不同方面,以及常用的语汇等,但无法像认知采访那样了解受访人是怎样理解问题中的概念和形成答案的认知过程。预调查被认为是了解现实情况下问题可用性(usability)的途径。对不同评价方法的总结和比较可参见 Robert Groves, et al., *Survey Methodology*, John Wiley & Sons, Inc., 2009, pp.259-273。

[③] Floyd Fowler, and Thomas Mangione, *Standardized Survey Interviewing: Minimizing Interviewer-Related Error*, Sage Publications, 1990.

ACASI)等。

最早的概率抽样调查就是由访问员进行实地选户和开展问卷调查[1]。伴随着电话在20世纪70年代末、80年代初的普及,电话调查由于其(与面访相比)较低的成本和较快的数据收集和处理等优势,从20世纪80年代中期开始,成为美国学术界、商业界和政府部门使用的主要社会调查形式。寄信问卷调查与电话调查相比,历史更久远,早在1788年苏格兰长老会就开展过寄信问卷调查[2]。自2000年开始,美国邮政递送序列文件(US postal service's delivery sequence file)发展成全国性抽样框,这个抽样框对城市的住户有较高的覆盖率,这促进了寄信问卷调查在对普通大众调查中的使用[3]。在20世纪80年代末开始迅速发展和逐渐普及的因特网大力推动了网络调查的运用。比如,2008年美国成年人中的网络普及率达到74%,丹麦82%的家庭拥有互联网[4]。在2006年,网络调查占据美国所有商业调查的40%[5]。学术界对网络调查的重视也可以反映出它的热度,比如美国民意研究协会(AAPOR)、欧洲社会调查研究学会(European Survey Research Association,ESRA)、欧洲意见与销售研究学会(European Society for Opinion and Marketing Research,ESOMAR)年会中都有专门关于网络调查的分会,以及由德国网络研究学会德国网络研究学会(German Society for Online Research,GSOR)资

---

[1] Jean Converse, *Survey Research in the United States: Roots and Emergence 1890-1960*, University of California Press, 1987.

[2] Edith De Leeuw, "To Mix or not to Mix Data Collection Modes in Surveys", *Journal of Official Statistics*, 2005, 21, pp.233-255.

[3] Michael Link, Michael Battaglia, and Martin Frankel, "A Comparison of Address-Based Sampling (ABS) versus Random-Digit Dialing (RDD) for General Population Surveys", *Public Opinion Quarterly*, 2008, 72, pp.6-27.

[4] Mick Couper, and Michael Bosnjak, "Internet Surveys", in Peter Marsden, and James Wright, eds., *Handbook of Survey Research*, 2nd edition, Emerald Group Publishing Limited, 2010, pp.527-550.

[5] Ibid.

助的专门的关于网络研究的会议(General Online Research Conferences, GORC)①。

不同类型的社会调查在调查质量上各具优势和局限性。与受访人自填问卷相比,受到良好训练的采访员能够有效地降低UNR、及时澄清受访人的疑问和展开追问,但同时也有可能,如上面提到的访员效应,诱导和影响受访人的回答②。研究人员开展了一系列研究来比较不同类型社会调查在数据质量上的差别。比如,实验研究发现,与面访相比,随机号码拨号(random digit dialing, RDD)的电话调查受访人更容易使用满意化策略和提供符合社会期望的回答③;网络调查和面访相比并没有显著的区别④;与随机号码拨号电话调查相比,网络调查的应答往往有更高的信度和理论符合度及预测度⑤。与传统的面访调查相比,自填问卷的形式能有效克服在回答一些敏感问题时的社会期望偏差⑥。并且,寄信问卷调查和网络调查能有效运用视觉因素(比如图片和视频等)开展研究。但是,非面访形式的社会调查往往在覆盖误差和无应答误差方面存在劣势。较多研究发现,网络调查覆

---

① 还有专门介绍网络调查方法的网站,网址:www.websm.org。
② 访员相关误差(interviewer-related error)及对策可参见 Floyd Fowler, and Thomas Mangione, *Standardized Survey Interviewing: Minimizing Interviewer-Related Error*, Sage, 1990。
③ Allyson Holbrook, Melanie Green, and Jon Krosnick, "Telephone versus Face-to-Face Interviewing of National Probability Samples with Long Questionnaires: Comparisons of Respondent Satisficing and Social Desirability Response Bias", *Public Opinion Quarterly*, 2003, 67, pp.79-125.
④ David Sanders, Harold Clarke, and Marianne Stewart, "Does Mode Matter for Modelling Political Choice?", *Political Analysis*, 2007, 15, pp.257-285.
⑤ Jon Krosnick, and LinChiat Chang, "A Comparison of the Random Digit Dialing Telephone Survey Methodology with Internet Survey Methodology as Implemented by Knowledge Networks and Harris Interactive", Ohio State University, unpublished memo, 2001.
⑥ Roger Tourangeau, Lance J. Rips, and Kenneth Rasinski, *The Psychology of Survey Response*, Cambridge University Press, 2000.

盖的人群与其他调查形式覆盖的人群在一些政治变量上存在系统差异①。因此,对于调查普通大众,网络调查中的覆盖误差可能较大,但对于某些特定群体,比如大学生,网络调查中的覆盖误差可以被有效处理。

伴随着一些技术的发展,包括电话语音和过滤技术使得电话采访面临越来越大的挑战,并且随着面访和电话采访成本的提升,21世纪的社会调查越来越多地运用多种信息收集模式来改善覆盖率和应答率。已经有研究开始关注混合模式社会调查在应答率和数据质量方面的优势与挑战,但这方面的研究还亟待扩展②。

第四节 中国政治学领域社会调查研究

1980年政治学研究恢复后,第一个关于中国民众政治参与的

---

① Thorsten Faas, and Harald Schoen, "Putting a Questionnaire on the Web is not Enough: A Comparison of Online and Offline Surveys Conducted in the Context of the German Federal Elections 2002", *Journal of Official Statistics*, 2006, 22, pp.177-190; Nick Sparrow, and John Curtice, "Measuring the Attitudes of the General Public via Internet Polls: An Evaluation", *International Journal of Market Research*, 2004, 46, pp.23-45; Matthias Schonlau, et al., "A Comparison between Responses from a Propensity-Weighted Web Survey and an Identical RDD Survey", *Social Science Computer Review*, 2004, 22, pp.128-138; Mick Couper, Arie Kapteyn, Matthias Schonlau, and Joachim Winter, "Noncoverage and Nonresponse in an Internet Survey", *Social Science Research*, 2007, 36, pp.131-148.

② 相关研究的总结可参见 Don Dillman, and Benjamin Messer, "Mixed-Mode Surveys", in Peter Marsden, and James Wright, eds., *Handbook of Survey Research*, 2nd edition, Emerald Group Publishing Limited, 2010, pp.551-574; Ashley Amaya, Felicia Leclere, Kari Carris, and Youlian Liao, "Where to Start: An Evaluation of Primary Data-Collection Modes in an Address-Based Sampling Design", *Public Opinion Quarterly*, 2015, 79, pp.420-442; Katherine Thompson, Broderick Oliver, and Jennifer Beck, "An Analysis of the Mixed Collection Modes for Two Business Surveys Conducted by the US Census Bureau", *Public Opinion Quarterly*, 2015, 79, pp.769-789.

概率抽样调查于 1988 年、1989 年在北京展开。第一个研究中国农村政治的概率抽样调查"中国地方政府和政治经济的四县研究"则在 1990 年由美国密西根大学政治学系与北京大学政治学系合作完成,研究主题包括地方干部和群众对中国政治、经济体制改革的态度,以及影响他们态度的原因[①]。从 20 世纪 80 年代后期至今,研究中国政治的概率抽样调查不仅在数量上有较大积累,更重要的是,在中国政治学理论研究和社会调查方法论方面作出了许多贡献[②]。

表 6-1 呈现了学者对中国政治学概率抽样调查的总结。在过去三十年间,海内外政治学领域学者与国内学术调查机构合作[③],在农村选举、政治态度、政治参与、国家与社会关系等领域开展和积累了大量的社会调查和丰硕的研究成果。其中大部分是单时(one-shot)调查和以面访形式收集数据,也有部分调查是跟踪研

[①] 严洁:《中国政治学概率抽样调查的实践与特点》,《江汉论坛》2006 年第 3 期; Melanie Manion, "A Survey of Survey Research on Chinese Politics", in Carlson Allen, Gallagher Mary, Lieberthal Kenneth, and Manion Melanie, eds., *Contemporary Chinese Politics: New Sources, Methods, and Field Strategies*, Cambridge University Press, 2010, pp.181-199。

[②] 关于中国政治学领域社会调查发展的综述,可参见 Tianjian Shi, "Survey Research in China", in M. X. Delli Carpini, Leonie Huddy, and Robert Shapiro, *Research in Micropolitics: Rethinking Rationality*, Vol. 5, JAI Press, 1996, pp.216-220; Wenfang Tang, "Research Guide: An Introduction to Survey Research in China", *Issues and Studies*, 2003, 39, pp.269-288; Melanie Manion, "A Survey of Survey Research on Chinese Politics", in Carlson Allen, Gallagher Mary, Lieberthal Kenneth, and Manion Melanie, eds., *Contemporary Chinese Politics: New Sources, Methods, and Field Strategies*, Cambridge University Press, 2010, pp.181-199; Melanie Manion, "An Introduction to Survey Research on Chinese Politics", *China Quarterly*, 2008, 196, pp.755-758。《中国季刊》(*China Quarterly*)在第 196 期(2008 年)有关于中国政治学领域调查研究的专门讨论。

[③] 国内主要的学术调查研究机构,依据成立的先后顺序(见后附括号内年份),主要包括但不限于:中国人民大学舆论研究所(1986 年)、北京大学中国国情研究中心(1988 年)、中国人民大学社会调查中心(1990 年)、北京大学中国社会科学调查中心(2006 年)、中国人民大学中国调查与数据中心(2009 年)。更多关于近些年开展的社会调查的信息可参考机构主页的项目介绍。

究(panel studies)、历时调查(longitudinal survey)以及以电话访谈、自填问卷、计算机辅助调查等形式采集收据[①]。在访问对象上,除了普通大众,在民营企业家和地方干部的调查上也积累了一定数量的研究[②]。

表 6-1 1980 年以来中国政治学社会调查简况

	名称 (时间、地点)	主持人/ 执行机构	政治学内容	研究成果举例
1	无调查名称 (1986~1987 年吉林省某市)	梅勒尼·墨宁 (Melanie Manion); 北京大学政治学系	干部退休政策的执行过程	Manion (1991)[1]

---

① 比如在底特律地区调查(DAS)和 NORC 的综合社会调查(GSS)的标杆影响下,由北京大学中国国情研究中心开展的北京地区社会经济发展调查(Beijing Area Study, BAS)就是历时调查,参见杨明等:《1995—2004 北京社会经济发展年度调查数据报告》,北京出版社 2007 年版;Mingming Shen, Ming Yang, and Melanie Manion, "Measuring Change and Stability over A Decade in the Beijing Area Study", in Allen Carlson, Mary Gallagher, Kenneth Lieberthal, and Melanie Manion, eds., *Contemporary Chinese Politics: New Sources, Methods, and Field Strategies*, Cambridge University Press, 2010, pp.236-245;自 2003 年起,中国人民大学中国调查与数据中心(原中国人民大学社会调查中心)与香港科技大学调查研究中心合作开展的中国综合社会调查(Chinese General Social Survey, CGSS)每年对全国 10 000 多户家庭进行一次横截面调查。跟踪调查方面有代表性的为北京大学中国社会科学调查中心开展的中国家庭动态跟踪调查,这次调查也是国内首次将计算机辅助面访技术应用于全国性调查。中山大学社会科学调查中心开展的中国劳动力动态调查(Chinese Labor-Force Dynamic Survey, CLDS)于 2012 年完成了第一次全国性调查,并在 2014 年和 2016 年完成了两轮追踪调查。参见水延凯主编:《中国社会调查简史》,中国人民大学出版社 2017 年版,第 362—363 页。

② 比如,(表 6-1 中没有列举的)最近若干年关于地方干部的调查研究可参见孟天广、杨平、苏政:《转型中国的公民意见与地方财政决策——基于对地方政府的调查实验》,《公共管理学报》2015 年第 3 期;杨平、孟天广:《青年公务员价值观的共识与差异研究》,《中国青年研究》2014 年第 6 期;Margaret Boittin, Gregory Distelhorst, and Francis Fukuyama, "Reassessing the Quality of Government in China", unpublished manuscript, 2016;对地方人大代表的调查参见 Melanie Manion, *Information for Autocrats: Representation in Chinese Local Congresses*, Cambridge University Press, 2015。

续 表

	名称 (时间、地点)	主持人/ 执行机构	政治学内容	研究成果举例
2	无调查名称 (1988~1989年北京)	史天健(Tianjian Shi);北京社会经济研究所	政治参与	Shi (1997)[2]
3	中国地方政府与政治的四县研究 1990年,1996年	美国密歇根大学政治学系、北京大学政治学系、国家体改委社会调查系统(1996年)	干部和群众对政治、经济体制改革的态度	杨明(2000); Manion (2006); Eldersveld & Shen (2001); Jennings (1997); Jennings & Zhang (2005)[3]
4	世界价值观调查 1990年,1995年,2001年,2007年,2012年	罗纳德·英格尔哈特(Ronald Inglehart);ISR;国家统计信息中心,1990年;盖洛普—中国,1995年;北京大学中国国情研究中心,2001年,2007年,2012年	政治态度、政治价值观	Ronald Inglehart (1997)[4]
5	全国公民政治行为和政治态度调查 1990~1991年	史天健;中国人民大学社会调查研究中心	政治行为和政治态度研究	Nathan & Shi (1993)[5]
6	中国城市居民民意调查 1991~1992年	唐文方(Wenfang Tang);中国经济体制改革研究所	对经济、政治改革的态度	Tang & Parish (2000); Tang (2005)[6]
7	天津市千户调查 1983~1992年	天津市政府与天津社会科学院	居民对政府工作的评价和期望	王辉(1995)[7]
8	全国公民政治文化和政治参与调查 1993年	史天健;中国人民大学社会调查研究中心	政治文化和政治参与	Shi (2001); Chu & Chang (2001)[8]

续 表

	名称 (时间、地点)	主持人/ 执行机构	政治学内容	研究成果举例
9	中国城市居民国际意识调查 1994年	中国人民大学舆论研究所	城市居民的国际意识	喻国明(2001)[9]
10	北京调查 1995年,1997年, 1999年	陈捷(Jie Chen);中国人民大学舆论研究所	政治态度、政府工作评价、政治支持	Chen & Zhong (2002); Chen (2004)[10]
11	北京地区社会经济发展调查 1995~2004年, 2007年	北京大学中国国情研究中心	政治价值观、态度、政府工作评价	Dowd, Carlson, & Shen (1999)[11]
12	北京市民政治心态调查 1995年	北京社会心理研究所	对国家政治方面变化的感受和评价	范雷(1996)[12]
13	农村选举研究 1996年	戴慕珍(Jean Oi);社会学者组成的专家组	农村选举、村委会村民代表大会作用	Oi & Rozelle (2000)[13]
14	北京市民的亚洲及日本观调查 1997年	中国人民大学舆论研究所	市民对亚洲国家和国际关系的看法	喻国明(2001)[14]
15	八县调查 1997年,1999年, 2005年	布鲁斯·迪克森(Bruce Dickson);北京大学中国国情研究中心	政商关系	Dickson (2003, 2007)[15]
16	浙江省村民选举经验研究 1998年	何包钢、郎友兴,浙江大学政治学与行政学系	农村选举研究	何包钢、郎友兴(2002)[16]
17	六城市调查 1998~1999年	童燕奇(Yanqi Tong)	干部和企业家的环境保护意识	Tong (2007)[17]
18	25省农村选举研究 1999年	李连江(Lianjiang Li)	农村选举研究	Li (2002)[18]

续 表

	名称 (时间、地点)	主持人/ 执行机构	政治学内容	研究成果举例
19	江西省农村选举研究 1999年	李连江；江西、湖北、北京部分大学	农村选举研究	Li (2003)[19]
20	四县调查 1999~2001年	李连江	政治信任、政治态度	Li (2004)[20]
21	六城市调查 1999年	唐文方	政治态度、政治支持	Tang (2001)[21]
22	安徽、黑龙江四县调查 1999年	崔大伟(David Zweig)	农村选举研究	Zweig & Chung (2007)[22]
23	江苏调查 2000年	陈捷	农民政治参与和农村选举	Zhong & Chen (2002)[23]
24	陕西农村选举研究 2000年	约翰·肯尼迪(John Kennedy)；西北大学	农村选举研究	Kennedy (2002); Kennedy, Rozelle, & Shi (2004)[24]
25	江苏、上海、浙江三省(直辖市)调查 2000年	华东政法大学	政治态度研究	Wang, Rees, & Andreosso-O'Callaghan (2004)[25]
26	八县调查 2001年	蔡晓莉(Lily Tsai)	农村公共服务、选举研究	Lily Tsai (2007a, 2007b)[26]
27	福建调查 2001年	未知	农村选举研究	Hu (2005)[27]
28	民营企业家调查 2002~2003年	蔡欣怡(Kellee Tsai)；中国社会科学院民营经济研究中心	政商关系	Kellee Tsai (2007)[28]
29	安徽农村选举调查 2002~2003年	未知	农村选举研究	Tan & Xin (2007)[29]

续 表

	名称 （时间、地点）	主持人/ 执行机构	政治学内容	研究成果举例
30	广东乡村治理问卷调查 2002年	郭正林；中山大学行政管理研究中心与广州市社会科学院	农民政治参与、价值取向	郭正林(2003)[30]
31	中国公民思想道德观念状况调查 2003年	中宣部、团中央、北京大学中国国情研究中心	政治价值观、政治态度、法制建设与维权意识	沈明明、王裕华(2007)[31]
32	福建、浙江农村调查 2003~2005年	李连江	农村抗争研究	Li (2008)[32]
33	云南某县调查 2004年	未知	农村儿童入学研究	Davis, et al. (2007)[33]
34	北京调查 2004年	陈捷；中国社会科学院相关研究组	社区自治、政治态度研究	Chen, Lu, & Yang (2007)[34]
35	中国公民意识年度调查 2008年	北京大学中国国情研究中心	政治态度研究	孟天广、杨明(2012)；王丽萍、方然(2010)[35]
36	公共产品公共服务与政府支持研究 2010年，2011年	布鲁斯·迪克森；北京大学中国国情研究中心	对政府的信任度、对各项公共服务的享有程度及满意度、政治参与意识	Dickson, et al. (2016)[36]
37	平等与公正研究 2014年	马丁·怀特(Martin Whyte)；北京大学中国国情研究中心	平等观、公正观、政治参与行为和意识、政治信任、政府绩效评价、社会资本等	Whyte (2016)；Whyte & Im (2014)[37]

注：表中的调查绝大多数为概率抽样调查。关于收入方面的社会调查可参见 Bjorm Gustafsson, and Shi Li, "Three Ways to Obtain Household Income Data", in Maria Heimer, and Stig Thogersen, eds., *Doing Fieldwork in China*, University of

Hawai Press。

1. Melanie Manion, "Policy Implementation in the People's Republic of China: Authoritative Decisions versus Individual Interests", *Journal of Asian Studies*, 1991, 50, pp.253-279.

2. Tianjian Shi, *Political Participation in Beijing*, Cambridge University Press, 1997.

3. 杨明:《四县农民政治参与研究》,《社会学研究》2000 年第 2 期; Melanie Manion, "Democracy, Community, Trust: The Impact of Chinese Village Elections in Context", *Comparative Political Studies*, 2006, 39, pp.301-324; Samuel Eldersveld, and Mingming Shen, *Support for Economic and Political Change in the China Countryside: An Empirical Study of Cadres and Villagers in Four Counties, 1990 and 1996*, Lexington Books, 2001; Kent Jennings, "Political Participation in the Chinese Countryside", *American Political Science Review*, 1997, 91, pp.351-372; Kent Jennings, and Ning Zhang, "Generations, Political Status, and Collective Memories in the Chinese Countryside", *Journal of Politics*, 2005, 67, pp.1164-1189。

4. Ronald Inglehart, *Modernization and Postmodernization*, Princeton University Press, 1997.

5. Andrew Nathan, and Tianjian Shi, "Left and Right with Chinese Characteristics, Issues and Alignments in Deng Xiaoping's China", *World Politics*, 1993, 48, pp.522-550.

6. Wenfang Tang, and Parish L. William, *Chinese Urban Life Under Reform: The Changing Social Contract*, Cambridge University Press, 2000; Wenfang Tang, *Public Opinion and Political Change in China*, Stanford University Press, 2005.

7. 王辉:《天津市千户城市居民户卷调查》,天津社会科学院出版社 1995 年版。

8. Tianjian Shi, "Cultural Values and Political Trust", *Comparative Politics*, 2001, 33, pp.401-419; Yun-han Chu, and Yu-tzung Chang, "Cultural Shift and Regime Legitimacy: Comparing Mainland China, Taiwan, and Hong Kong", in Shiping Hua, ed., *Chinese Political Culture, 1989-2000*, Routledge, 2001, pp.320-347.

9. 喻国明:《解构民意:一个舆论学者的实证研究》,华夏出版社 2001 年版。

10. Jie Chen, and Yang Zhong, "Why Do People Vote in Semicompetitive Elections in China", *Journal of Politics*, 2002, 64, pp.178-197; Jie Chen, *Popular Political Support in Urban China*, Stanford University Press, 2004.

11. Daniel Dowd, Allen Carlson, and Mingming Shen, "The Prospects for Democratization: Evidence from the 1995 Beijing Area Study", *Journal of Contemporary China*, 1999, 8, pp.365-380.

12. 范雷:《1995 年北京市民政治心态调查》,《北京经济瞭望》1996 年第 1 期。

13. Jean Oi, and Scott Rozelle, "Elections and Power: The Locus of Decision-Making in Chinese Villages", *China Quarterly*, 2000, 162, pp.513-539.

14. 同 9。

15. Bruce Dickson, *Red Capitalists in China: The Party, Private Entrepreneurs, and Prospects for Political Change*, Cambridge University Press, 2003; Bruce Dickson, "Integrating Wealth and Power in China: The Communist Party's Embrace of

China's Private Sector", *China Quarterly*, 2007, 192, pp.827-854.

16. 何包钢、郎友兴:《寻找民主与权威的平衡:浙江省村民选举经验研究》,华中师范大学出版社 2002 年版。

17. Yanqi Tong, "Bureaucracy Meets the Environment: Elite Perceptions in Six Chinese Cities", *China Quarterly*, 2007, 189, pp.100-121.

18. Lianjiang Li, "Elections and Popular Resistance in Rural China", *China Information*, 2002, 16, pp.89-107.

19. Lianjiang Li, "The Empowering Effect of Village Elections in China", *Asian Survey*, 2003, 43, pp.648-662.

20. Lianjiang Li, "Political Trust in Rural China", *Modern China*, 2004, 30, pp.228-258.

21. Wenfang Tang, "Political and Social Trends in the Post-Deng Urban China", *China Quarterly*, 2001, 168, pp.890-909.

22. David Zweig, and Siu Fung Chung, "Elections, Democratic Values, and Economic Development in Rural China", *Journal of Contemporary China*, 2007, 16, pp.25-45.

23. Yang Zhong, and Jie Chen, "To Vote or Not to Vote: An Analysis of Peasants' Participation in Chinese Village Elections", *Comparative Political Studies*, 2002, 35, pp.686-712.

24. John Kennedy, "The Face of 'Grassroots Democracy' in Rural China: Real Versus Cosmetic Elections", *Asian Survey*, 2002, 42, pp.456-482; John Kennedy, Scott Rozelle, and Yaojiang Shi, "Elected Leaders and Collective Land: Farmers' Evaluation of Village Leaders' Performance in Rural China", *Journal of Chinese Political Science*, 2004, 9, pp.1-22.

25. Yanlai Wang, Nicholas Rees, and Bernadette Andreosso-O'Callaghan, "Economic Change and Political Development in China: Finings from a Public Opinion Survey", *Journal of Contemporary China*, 2004, 13, pp.203-222.

26. Lily Tsai, *Accountability without Democracy: Solidary Groups and Public Goods Provision in Rural China*, Cambridge University Press, 2007a; Lily Tsai, "Solidary Groups, Informal Accountability, and Local Public Goods Provision in Rural China", *American Political Science Review*, 2007b, 101, pp.355-372.

27. Rong Hu, "Economic Development and the Implementation of Village Elections in Rural China", *Journal of Contemporary China*, 2005, 14, pp.427-444.

28. Kellee Tsai, *Capitalism without Democracy: The Private Sector in Contemporary China*, Cornell University Press, 2007.

29. Qingshan Tan, and Qiushui Xin, "Village Elections and Governance: Do Villagers Care", *Journal of Contemporary China*, 2007, 16, pp.581-599.

30. 郭正林:《当代中国农民政治参与的程度、动机与社会效应》,《社会学研究》2003 年第 3 期。

31. 沈明明、王裕华:《中国农民经济纠纷解决偏好分析》,《北京大学学报(哲学社会科学版)》2007 年第 3 期。

32. Lianjiang Li, "Political Trust and Petitioning in the Chinese Countryside",

Comparative Politics, 2008, 39, pp.209-226.

33. Deborah Davis, Pierre Landry, Yusheng Peng, and Jin Xiao, "Gendered Pathways to Rural Schooling: The Interplay of Wealth and Local Institutions", *China Quarterly*, 2007, 189, pp.60-82.

34. Jie Chen, Chunlong Lu, and Yiyin Yang, "Popular Support for Grassroots Self-Government in Urban China", *Modern China*, 2007, 33, pp.505-528.

35. 孟天广、杨明:《转型期中国县级政府的客观治理绩效与政治信任——从"经济增长合法性"到"公共产品合法性"》,《经济社会体制比较》2012年第4期;王丽萍、方然:《参与还是不参与:中国公民政治参与的社会心理分析——基于一项调查的考察与分析》,《政治学研究》2010年第2期。

36. Bruce Dickson, Pierre Landry, Mingming Shen, and Jie Yan, "Public Goods and Regime Support in Urban China", *China Quarterly*, 2016, 228, pp.859-880.

37. Martin Whyte, "China's Dormant and Active Social Volcanoes", *China Journal*, 2016, 75, pp.9-37; Martin Whyte, and Dong-Kyun Im, "Is the Social Volcano Still Dormant? Trends in Chinese Attitudes toward Inequality", *Social Science Research*, 2014, 48, pp.62-76。

资料来源:Melanie Manion, "A survey of Survey Research on Chinese Politics", in Allen Carlson, Mary Gallagher, Kenneth Lieberthal, and Melanie Manion, eds., *Contemporary Chinese Politics: New Sources, Methods, and Field Strategies*, Cambridge University Press, 2010, pp.181-199; 严洁:《政治学抽样调查中的"无应答"分布与影响》,《武汉大学学报(哲学社会科学版)》2008年第2期;笔者的信息。

在社会调查方法方面,研究者立足中国现实进行了一系列探索①。抽样框从户口信息向地理信息的过渡有效降低了传统调查中遗漏流动人口导致的覆盖误差和由于"人户分离"带来的单元无应答率②。这种技术上的进步推动了理论的发展。比如,基于地理信息框的调查在流动人口的收入、社交网络以及纠纷处理行为方面有新的发现③,并且,使用地理信息框也为研究制度创新中的

---

① 除了接下来讨论提到的文献外,还包括但不限于 Melanie Manion, "Survey Research in the Study of Contemporary China: Learning from Local Samples", *China Quarterly*, 1994, 139, pp.741-765; Matthew Hoddie, "Ethnic Difference and Survey Cooperation in the People's Republic of China", *Asian Survey*, 2008, 48(2), pp.303-322。

② Pierre Landry, and Mingming Shen, "Reaching Migrants in Survey Research: The Use of the Global Positioning System to Reduce Coverage Bias in China", *Political Analysis*, 2005, 13, pp.1-22.

③ Wenfang Tang, and Qing Yang, "The Chinese Urban Caste System in Transition", *China Quarterly*, 2008, 196, pp.759-779.

扩散(diffusion)机制提供了便利①。基于国内调查数据,研究者开展了一系列与社会调查质量相关的研究,包括项目无应答发生的原因、分布、影响和处理方法、访员臆答行为以及并行数据的作用等②。对于敏感问题提问方式的关注也促进了对问题设计和采访形式的讨论以及实验方法的运用,比如,有学者指出在询问比较敏感的态度性问题时采用灵活的谈话式采访(conversational interviewing)比标准化的采访形式更有利于提高数据质量③。关于中国政治学领域的调查实验将在下一章专门讨论,在此不再赘述。在调查数据公开和共享方面的进步主要包括:建立中国人民大学中国调查与数据中心的数据收集和分享平台,中山大学社会

---

① Pierre Landry, "Using Clustered Spatial Data to Study Diffusion: The Case of Legal Institutions in China", in Allen Carlson, Mary Gallagher, Kenneth Lieberthal, and Melanie Manion, eds., *Contemporary Chinese Politics: New Sources, Methods, and Field Strategies*, Cambridge University Press, 2010, pp.219-235.

② 严洁:《项目无回答的成因与降低其水平的途径》,《华中师范大学学报(人文社会科学版)》2006年第6期;严洁:《政治学抽样调查中的"无应答"分布与影响》,《武汉大学学报(哲学社会科学版)》2008年第2期;严洁、任莉颖:《政治敏感问题无回答的处理:多重插补法的应用》,《华中师范大学学报(人文社会科学版)》2010年第2期;孙妍、邹艳辉、丁华、严洁、顾佳峰、邱泽奇:《跟踪调查中的拒访行为分析——以中国家庭动态跟踪调查为例》,《社会学研究》2011年第2期;任莉颖、邱泽奇、丁华、严洁:《问卷调查质量研究:应答代表性评估》,《社会》2014年第1期;严洁、邱泽奇、任莉颖、丁华、孙妍:《社会调查质量研究:访员臆答与干预效果》,《社会学研究》2012年第2期;丁华、任莉颖、严洁:《基于并行数据的调查质量管理》,《统计与决策》2016年第20期;Jianhua Zhu, "'I don't know' in Public Opinion Surveys in China: Individual and Contextual Causes of Item Non-response", *Journal of Contemporary China*, 1996, 5, pp.223-244; Wenfang Tang, "Research Guide: An Introduction to Survey Research in China", *Issues and Studies*, 2003, 39, pp.269-288; Liying Ren, *Surveying Public Opinion in Transitional China: An Examination of Survey Response*, Ph. D. dissertation, University of Pittsburgh, 2009。

③ Lily Tsai, "Quantitative Research and Issues of Political Sensitivity in Rural China", in Allen Carlson, Mary Gallagher, Kenneth Lieberthal, and Melanie Manion, eds., *Contemporary Chinese Politics: New Sources, Methods, and Field Strategies*, Cambridge University Press, 2010, pp.246-265. 关于敏感问题设计的讨论还可以参见Wenfang Tang, "Research Guide: An Introduction to Survey Research in China", *Issues and Studies*, 2003, 39, pp.269-288。

科学调查中心与中山大学城市社会研究中心联合开展了"学术研究数据库共享计划"等。

社会调查方法主要面临两大问题：一是如何选择受访人使得样本能够代表研究者感兴趣的群体，即代表人（representing people）；二是怎样在调查中降低相关误差，尽可能多和准确地获取受访人的真实想法，即代表舆情（representing opinion）。虽然在这两个方面面临着各种挑战[①]，但与其他研究方法相比，社会调查方法对开展过程中所有可能误差的表述最清晰，反思最主动。对调查数据质量（和基于调查形成的研究）的评价需要建立在对每类误差具体情况充分了解的基础之上。关于社会调查方法的讨论就是对调查全过程中各类误差的讨论。在给定的资金、人力、时间等成本限制下，选择什么样的调查类型、抽样框、抽样方法、问题措辞及顺序、执行策略包括选择什么样的访员等，都是在最大化调查质量的目标下对调查中不同类型误差的权衡。对"成本"和"质量"的考虑将不断推动社会调查新技术的发展和运用，而其他领域的理论发展（比如认知心理学）以及不同环境下调查经验的积累将进一步推动研究者对调查中背景因素影响的记录以及影响机制的理解。

---

① 参见 Richard Johnston, "Survey Methodology", in Janet Box-Steffensmeier, Henry Brady, and David Collier, eds., *The Oxford Handbook of Political Methodology*, Oxford University Press, 2008, pp.385-403。

第七章
实验与类实验方法：对内部效度的追求

> 政治学家对一些实验政治学研究的价值抱有怀疑，但对实验方法的潜力保有兴趣，对其未来的可能性感到兴奋。
>
> ——瑞贝卡·莫顿(Rebe Morton)&肯尼思·威廉姆斯(Kenneth Williams)*

实验方法已经成为社会科学的前沿研究方法。继20世纪80年代末"理性选择"革命之后，实验方法自20世纪90年代以来的迅速发展掀起了一场"因果推断革命"。在过去十年中，每年发表的运用实验或类实验方法开展的研究迅速增加。与此同时，对实验方法的评价呈现两极化特征：一方面，由于其在因果推断中的独特优势，有学者将其视为圭臬，并且越来越多的政府和研究机构通过开展实验为具体政策的制定提供建议和指南；另一方面，一直都有学者对实验方法在政治学中的应用前景充满怀疑，实验方法往往被认为是辨识因果关系方面最有前景的方法，但是其能够用来分析和研究的问题只是人们感兴趣的政治学问题中的相对少

---

* Rebecca Morton, and Kenneth Williams, *Experimental Political Science and the Study of Causality: From Nature to the Lab*, Cambridge University Press, 2010, p.17.

的部分①。"因果推断革命"窄化了研究人员可以开展的研究的类型,许多在宏观层面基于历史数据的因果关系是较难通过实验设计来挖掘的②。并且,研究方法不仅影响了我们对研究问题的选择,而且"在问题的回答中带来偏差,由于实验较难干预和操纵权力、资源、制度、意识形态,而更容易操纵信息,因此实验研究的结果往往强调信息的因果效应而忽视其他因素,但有可能信息是我们最终感兴趣的问题中并不那么重要的影响因素"③。瑞贝卡·莫顿和肯尼思·威廉姆斯在其实验方法的专著中简洁准确地总结了政治学领域对实验研究的普遍态度:"政治学家们对一些实验政治学研究的价值抱有怀疑,但对实验方法的潜力保有兴趣,对其未来的可能性感到兴奋。"④

第一节 政治学实验研究的历史与发展

霍华德·戈斯内尔1926年在芝加哥进行的有关选举投票研究被认为是最早的政治学领域的田野实验。戈斯内尔将芝加哥12个区的6 000多名选民分成实验组和对照组,给实验组在不同

---

① Rogers Smith, "Should We Make Political Science More of a Science or More About Politics?", *PS: Political Science and Politics*, 2002, 35(2), pp.199-201.对田野实验的批评可参见 Dawn Langan Teele, *Field Experiments and Their Critics: Essays on the Uses and Abuses of Experimentation in the Social Sciences*, Yale University, 2014。

② John Huber, "Is Theory Getting Lost in the 'Identification Revolution?'", *The Political Economist: Newsletter of the Section on Political Economy*, 2013, 10, 1, pp.1-3.

③ James Mahoney, and Kathleen Thelen, eds., *Advances in Comparative-Historical Analysis: Strategies for Social Inquiry*, Cambridge University Press, 2015, pp.8-9.

④ Rebecca Morton, and Kenneth Williams, *Experimental Political Science and the Study of Causality: From Nature to the Lab*, Cambridge University Press, 2010, p.17.

阶段邮寄广告,包括纯信息提醒的广告以及富含政治意义的漫画,鼓励他们去进行选民登记或投票,最后结果均显示获得刺激的实验组的选民登记率或投票率均高于对照组[1]。其他早期和政治学相关的实验研究包括：弗雷德里克·隆德(Frederick Lund)关于在政治辩论中观点呈现顺序如何影响参与者政治态度的实验,这被看作最早的进行启动效应和框架效应(framing effects)的实验研究,以及1935年乔治·哈特曼(George Hartmann)在宾夕法尼亚州阿伦敦市地方竞选中关于不同内容的宣传传单如何影响投票行为和选举结果的实验研究[2]。根据学者的统计,在20世纪五六十年代的行为主义革命极大地推动了实验方法在政治学中的运用,在这个阶段实验研究的一个显著特点是用来评价博弈模型(game-theoretical models)的合理性,尤其是在国际关系领域。比如,这段时期美国国际关系领域的期刊《冲突解决杂志》(*Journal of Conflict Resolution*)就曾经发表过大量的实验研究文章[3]。不同学者回顾实验方法在政治学研究中的发展和运用,都认为虽然实验方法已经有较长历史、不是一个新出现的方法,但是其开始受到关注并越来越多地出现在权威政治科学学术期刊上是最近二十

---

[1] Harold Gosnell, "An Experiment in the Stimulation of Voting", *The American Political Science Review*, 1926, 20(4), pp.869-874.

[2] Frederick Lund, "The Psychology of Belief: A Study of Its Emotional, and Volitional Determinants", *Journal of Abnormal and Social Psychology*, 1924, 20(4), pp.174-196; George Hartmann, "A Field Experiment on the Comparative Effectiveness of 'Emotional' and 'Rational' Political Leaflets in Determining Election Results", *Journal of Abnormal and Social Psychology*, 1936, 31(31), pp.99-114. 更多的总结参见 David Bositis, and Douglas Steinel, "A Synoptic History and Typology of Expeirmental Research in Political Science", *Political Behavior*, 1987, 9, pp.263-284; Rebecca Morton, and Kenneth Williams, *Experimental Political Science and the Study of Causality: From Nature to the Lab*, Cambridge University Press, 2010, pp.5-11。

[3] David Bositis, and Douglas Steinel, "A Synoptic History and Typology of Expeirmental Research in Political Science", *Political Behavior*, 1987, 9, pp.263-284.

年的事①。实验方法的兴起并不是由于技术,比如电脑科技的发展,而被认为主要是政治学领域出现了一些新的研究问题,包括:(1)个人行为的本质和潜在影响要素,比如,个人在政治协商中多大程度上理性分析发言人的观点②或者是选民在选举中怎样使用相关的信息等;(2)新制度主义视角下外生的制度对个人行为的影响。实验方法兴起的另一个主要原因在于传统方法在回答一些重要的因果关系问题上的困境。埃德蒙·蒙莱斯基(Edmund Malesky)认为实验方法在社会科学中的兴起和争论源自发展经济学新旧流派之争。发展经济学新学派(New School of Developmental Economics,NSDE)认为旧学派在以下三方面存在局限性:(1)传统的大样本跨国定量分析无法充分展示经济学家形式模型中的微观逻辑;(2)对一些概念的测量经常是草率的,高质量的田野调查能提供更加精确的测量;(3)在解决内生性和选择偏差的识别(identification)问题上不够严谨。同时,发展经济学新学派认为,更合理的识别策略依据其支持程度由高到低分别为:(1)开展田野实验,随机选择某些样本被试某项政策,这样就可以完全保证政策的外生性;(2)发现一个理想的可被证明的并对关键解释变量提供外生冲击的自然实验;(3)发现一个理想的工具变量,通过一

---

① 关于实验方法在政治学的发展可参考 James Druckman, Donald Green, James Kuklinski, and Arthur Lupia, "The Growth and Development of Experimental Research in Political Science", *American Political Science Review*, 2006, 100(4), pp.627-635;臧雷振:《政治学研究方法:议题前沿与发展前瞻》,中国社会科学出版社2016年版;David Bositis, and Douglas Steinel, "A Synoptic History and Typology of Experimental Research in Political Science", *Political Behavior*, 1987, 9, pp.263-284; Rose McDermott, "Experimental Methods in Political Science", *Annual Review of Political Science*, 2002, 5, pp.31-61; Donald Green, and Alan Gerber, "The Underpinning of Experiments in Political Science", *The Annals of the Ameican Academy of Political and Social Science*, 2003, 589, pp.94-112; Humphreys Macartan, and Jeremy Weinstein, "Field Experiments and the Political Economy of Development", *Annual Review of Political Science*, 2009, 12, pp.367-378。

② Eric Dickson, Catherine Hafer, and Dimitri Landa, "Cognition and Strategy: A Deliberation Experiment", *The Journal of Politics*, 2008, 70, 4, pp.974-989.

个两阶段法解决内生性带来的偏差①。

自 1970 年以后,实验方法在政治学中的运用主要集中在政治行为和态度等方面,包括政治信息传播对政治行为的影响(制度认同、公共服务偏好和满意度),以及比如,竞选策略和媒体宣传如何影响选民态度以及投票结果②。实验方法运用的领域和尝试回答的问题在不断扩大,尤其在与发展相关的议题上③。在公共政策

---

① Edmund Malesky, "Battling Onward: The Debate over Field Research in Developmental Economics and Its Implications for Comparative Politics", *QMMR Newsletter*, 2008, pp.30-34.
② 臧雷振:《政治学研究中的实验方法——近年来的应用进展及研究议题分布》,《国外理论动态》2016 年第 5 期。
③ Macartan Humphreys, and Jeremy Weinstein, "Field Experiments and the Political Economy of Development", *Annual Review of Political Science*, 2009, 12, pp.367-378. 田野实验比较有代表性的研究具体如下。竞选策略的影响,参见 Donald Green, and Alan Gerber, *Get Out the Vote: How to Increase Voter Turnout*, Brookings Institution Press, 2015; David Nickerson, "Is Voting Contagious? Evidence from Two Field Experiments", *American Political Science Review*, 2008, 102, pp.49-57; Leonard Wantchekon, "Clientelism and Voting Behavior: Evidence from a Field Experiment in Benin", *World Politics*, 2003, 55, pp.399-422. 大众媒体信息传播的影响,参见 Paluck Levy, "Reducing Intergroup Prejudice and Conflict Using the Media: A Field Experiment in Rwanda", *Journal of Personality and Social Psychology*, 2007, 96(3), pp.574-587; Lynn Vavreck, "The Exaggerated Effects of Advertising on Turnout: The Dangers of Self-Reports", *Quarterly Journal of Political Science*, 2007, 2, pp.325-343; Donald Green, and Lynn Vavreck, "Analysis of Cluster-Randomized Experiments: A Comparison of Alternative Estimation Approaches", *Political Analysis*, 2008, 16(2), pp.138-152. 种族多样化的影响,参见 James Habyarimana, Macartan Humphreys, Daniel Posner, and Jeremy Weinstein, "Why Does Ethnic Diversity Undermine Public Goods Provision", *American Political Science Review*, 2007, 101(4), pp.709-725; Daniel Posner, "The Political Salience of Cultural Difference: Why Chewas and Tumbukas are Allies in Zambia and Adversaries in Malawi", *American Political Science Review*, 2004, 98(4), pp.529-545. 国际选举观察和监督的影响,参见 Susan Hyde, "The Observer Effect in International Politics: Evidence from a Natural Experiment", *World Politics*, 2007, 60(1), pp.37-63. 腐败监督的效果,参见 Benjamin Olken, "Monitoring Corruption: Evidence from a Field Experiment in Indonesia", *Journal of Political Economy*, 2007, 115, pp.200-249. 教育对参选率的影响,参见 Rachel Sondheimer, and Donald Green, "Using Experiments to Estimate the Effects of Education on Voter Turnout", *American Journal of Political Science*, 2010, 54(1), pp.174-189.

和公共管理领域,政策制定者和学者都开始展现出对实验研究的兴趣。在公民与政府的协作生产、政府信息公开对公民信任及满意度等的影响、政策执行、政府官员的行为动机、政府官员的歧视性行为等方面出现了田野实验研究[①]。并且,美国和英国政府在过去二十年积极资助了教育、医疗等公共政策领域的实验研究[②]。

第二节 虚拟事实模型

实验研究与非实验研究的区别在于是否故意地操纵和干预了某个变量以检验该变量对结果的影响。这种干扰,即感兴趣的解释变量,往往被称为刺激项(treatment),比如,检验某类信息对选民投票行为的影响,某类信息即是刺激项。有时候自然,比如发生自然灾害,或者政府通过实施新的政策会引起某些变化,这些都类似于实验中的干预,但是本质上都属于观察型研究,不属于严格意义上的实验[③]。实验方法进行因果推断的基本逻辑是简单的,研究人员将样本人群分成两组:一组为实验组,一组为控制组或对照组,两组只在研究人员感兴趣的某个变量上存在区别,即实验组获得了某个干预,而控制组没有,实验组和控制组在其余变量上均一致,那么如果最终观察的结果存在差异,就可以推断实验人员强加的这个干预是导致结果存在差异的原因。最常见的实验研究中的因果效应(causal effects)是平均刺激效应(average treatment effects,ATE),用数学的方式展现如下:

[①] 陈少威、王文芹、施养正:《公共管理研究中的实验设计——自然实验与田野实验》,《国外理论动态》2016年第5期。

[②] 参见臧雷振:《政治学研究方法:议题前沿与发展前瞻》,中国社会科学出版社2016年版,第98—99页。

[③] 在政治学中往往将自然实验这种观察研究也归为实验或准实验,在接下来的部分会有专门的讨论。

$$\tau_i \equiv Y_i(1) - Y_i(0)$$

$$\text{ATE} \equiv \frac{1}{N}\sum_{i=1}^{N}\tau_i = E[Y_i(1)] - E[Y_i(0)]$$

其中,刺激的因果效应(τ_i)指样本中某个体 i 接受刺激与不接受刺激在结果变量上的差值。ATE 指样本中所有个体 τ 值加总后取平均值。这种因果效应定义方法也被称为虚拟事实模型(rubin causal model,RCM)。这种模型蕴含着因果关系的反事实逻辑,即假定每个个体至少在理论上可能存在两种状态——接受刺激和不接受刺激的状态。然而,在实际观察中,研究人员只能观察到 i 其中的一种状态,不可能同时观察到两种状态。如果研究人员将样本个体随机分配到控制组和实验组,那么实验组结果变量的均值等于所有样本个体都接受刺激的结果变量的均值,同样地,控制组结果变量的均值等于所有样本个体都不接受刺激的结果变量的均值。因此,在随机分配的前提下,实验组和控制组在结果变量上平均值的差是平均刺激效应的无偏估计。

随机分配(random assignment)是 RCM 的核心前提,对 ATE 的识别起着至关重要的作用,也是实验必用的程序。随机分配最早于 18 世纪中期在医学领域开展实验研究开始,一个普遍存在的问题就是无法保证在进行干预之前,实验组和控制组的等同性。20 世纪之前普遍使用的策略是让样本在实验组和控制组之间轮换(alternation)[1]。直到 20 世纪 20 年代,英国统计学家费希尔(R.A. Fisher)提出随机化原则,才让实验研究可以有效排除实验组和控制组在干预前的系统差异。随机化使得样本中每个个体分

---

[1] Roy Merrill,*Introduction to Epidemiology*,5th edition,Jones and Bartlett Publishers,2010. 对轮换策略的弊端分析,可参见 Asbjørn Hróbjartsson, Peter Gøtzsche, and Christian Gluud, "The Controlled Clinical Trial Turns 100 Years: Fibiger's Trial of Serum Treatment of Diphtheria",*British Medical Journal*,1998,317,pp.1243-1245。

配到实验组的概率相同,并且这种分配独立于任何可观察的或不可观察的变量。

除了随机分配,RCM中"实验组和控制组在结果变量上平均值的差是平均刺激效应的无偏估计"还需要满足"排他条件(excludability)"和"无干扰(non-interference)"两个前提假设[1]。"排他条件"指实验结果只受到了刺激项的影响而非其他因素的影响,即实验结果在对照组和实验组的差异只来自刺激项的有无。比如,假设研究人员的研究问题是村委会主任的性别是否会影响村财务支出的结构,具体来说,由女性担任村委会主任是否会导致在公共卫生方面的支出增加,如果在统计实验组村和对照组村财务支出状况时使用的标准不一致,那么最后结果的差异除了来自刺激项(是否由女性担任村委会主任)之外,还有可能是来自不同财务统计和分析标准。如果后者成立,则违反了排他条件。保证满足排他条件的措施主要包括:第一,"双盲",即实验组和测量实验结果的人员均不清楚刺激项是什么,从而使得他们无法有意识或无意识地扭曲结果;第二,保证实验执行过程的标准化和统一,尤其对实验组和控制组数据的收集应尽可能在相同时间和类似背景条件下实施。"无干扰"条件指样本成员之间没有相互影响,某个个体实验结果反映的是该个体接受刺激项后的反应,而不是其他成员的影响。成员之间的交流以及邻近个体的示范效应等都会违背"无干扰"条件。本章将在后面专门讨论实验成员之间的溢出效应(spillover effects)。

---

[1] Alan Gerber, and Donald Green, *Field Experiments: Design, Analysis and Interpretation*, W.W. Norton & Company, Inc., 2012. 其他关于RCM成立假设的讨论,可参见Rebecca Morton, and Kemeth Williams, *Experimental Political Science and the Study of Causality: From Nature to the Lab*, Cambridge University Press, 2010, pp.96-99。

第三节　对内部效度的若干挑战

实验方法在因果推断中的独特优势在于可以精确控制和排除一些混淆变量,识别因果方向和精确测量因果效应。在前面讨论因果关系的章节已经讨论了实验方法在解决虚假相关等因果推断问题时的优势。但是和任何研究方法一样,实验方法也有其局限性。尤其对一些宏观现象、与历史现象或数据紧密相关的问题的研究,实验方法基本无法运用。并且,在内部效度和外部效度方面,实验方法的运用人员更加强调和重视内部效度,由于部分实验是在人为营造的环境中开展,研究结果往往较难外推到其他背景环境,实验过程难以复原。影响实验外部效度的因素主要包括刺激本身以及实验环境对实验参与者的影响,这些参与者在现实自然的环境下作出的反应可能会不一样,并且,不同干扰和刺激之间也会有交叉影响[1]。

除了这些因素,在保证内部效度方面,也有一些因素值得注意。唐纳德·坎贝尔与朱利安·斯坦利曾总结了影响内部效度的八个因素。包括在数次测量之间发生的除开刺激之外的其他事件(历史因素)、实验过程中被试群体随着时间的变化[比如疲累饥饿(maturation)等]、指标测量标准的不一致、选择对照组人群时出现的选择偏差、参与实验人群的非随机退出[experimental mortality,也被称为退出偏误(attrition bias)]等[2]。

不同类型的实验可能出现的问题及其程度不一。在社会科学

---

[1] Donald Campbell, and Julian Stanley, *Experiment and Quasi-Experiment Design for Research*, Houghton Mifflin Company, 1966.
[2] Ibid.,对实验设计当中需要主要问题的讨论,还可参见 Rose McDermott, "Expereimental Methods in Political Sicence", *Annual Review of Political Science*, 2002, 5, pp.31-61。

领域,实验室实验基于人为制造环境中的模拟,其研究结果往往无法推广到现实情境。有学者将实验室实验形容为以牺牲外部效度为代价来最大化地达到内部效度①。在内部效度上,受到实验室环境的影响,参与者意识到自己参加实验本身会导致行为发生一系列变化,这在一定程度上会影响实验的内部效度。因此,研究人员日益强调尽量在一个自然的、非人为营造和外加的(unobtrusive)环境中开展实验更有利于提高研究的内部及外部效度。在田野实验(大多在自然环境中开展的田野实验)中,被试者并不知道自己正在参与实验,并且实验物品、信息、实验任务都与自然真实的环境一致,因而发现和结论具有较高的外部效度。下文就实验设计中需要注意的主要问题及如何有效避免展开讨论。

一、不合作

实验中会出现不合作(noncompliance)现象,包括单边不合作(one-sided noncompliance)和双边不合作(two-sided noncompliance)。单边不合作指的是部分实验组成员并没有实际接受到刺激,但所有控制组的成员都没有接受到刺激;双边不合作则指的是实验组成员没有实际接受到刺激,而控制组成员却实际接受到了刺激。出于简便的原则,本部分将主要讨论单边不合作及其应对策略②。这种不合作或者刺激失败有多种原因,执行方面的问题是常见因素,如沟通问题、资源限制或者交通不便等,刺激很

---

① John List, "Do Explicit Warnings Eliminate the Hypothetical Bias in Elicitation Procedures? Evidence from Field Actions for Sportscards", *American Economic Review*, 2001, 91, pp.1498-1507. 转引自陈少威、王文芹、施养正:《公共管理研究中的实验设计——自然实验与田野实验》,《国外理论动态》2016 年第 5 期。
② 关于实验中双边不合作及其应对策略的讨论,可参见 Alan Gerber, and Donald Green, *Field Experiments: Design, Analysis and Interpretation*, W.W. Norton & Company, Inc., 2012, pp.173-210。

难真正接触到实验组的人群。比如,分发竞选宣传单的时候可能大多数目标人群都不在现场,没有接受到某类信息的刺激。政策执行过程中也总有例外的现象,比如,一项经典的自然实验研究是探讨参军的经历如何影响退伍后的收入状况。政府根据出生年月抽签随机决定征兵对象,这构成了实验研究中的实验组,没有被随机抽签的人员构成了控制组。但是还有其他一系列的因素,比如身体状况等,会影响到这些被随机选中的人群是否真正入伍[1]。

在出现不合作现象时,实验组和控制组在结果上观察到的差异往往是意向刺激效应(intent to treat,ITT)和实验中合作者的平均刺激效应(complier average treatment effect,CATE),而非ATE。表7-1用一个假设的例子来展示 ITT 和 ATE 之间的区别。

表7-1 假设例子一

成员编号	$Y_i(d=0)$	$Y_i(d=1)$	$Y_i(d=1)-Y_i(d=0)$	是否实际接受到刺激
1	3	7	4	是
2	2	8	6	否
3	2	3	1	是
4	4	6	2	是
5	3	5	2	否
6	1	4	3	是

表7-1当中 $Y_i(d=0)$ 为样本成员 i 没有接受刺激时的结果

---

[1] Joshua Angrist, "Lifetime Earnings and the Vietnam Era Draft Lottery: Evidence from Social Security Administrative Records", *American Economic Review*, 1990, 80, 3, pp.313-336.

值,$Y_i(d=1)$为样本成员 i 接受刺激时的结果值。ATE 等于(4+6+1+2+2+3)/6,即 3,但由于成员 2 和成员 5 没有实际接受到刺激,所以其实验结果值 $Y_i(d=1)$ 与 $Y_i(d=0)$ 没有区别。因此,ITT 等于(4+0+1+2+0+3)/6,即 1.67。在实验中合作者的平均刺激效应,即 CATE,等于(4+1+2+3)/4,即 2.5。CATE 也等于 ITT 与 ITT_D 的商值,其中 ITT_D 为样本中合作者的比例,即 2/3。在传统的实验设计中,当存在不合作现象时,实验人员往往通过实验结果计算出 ITT,然后估计 ITT_D,最后用两者的商值来计算得出 CATE。

在实验的现实操作中,如果存在不合作现象,有时实验研究人员无法准确判断这种不合作发生在哪些参与人员身上,因而无法准确估计出 ITT_D,导致无法计算出 CATE 或在结果分析中存在较大不确定性。因此,实验人员经常在开始正式实验之前开展一个预实验来检查是否存在不合作情况以及是否可以通过调整刺激及其施加方式来克服这种不合作现象。如果担心不合作情况会是一个严重的问题,实验人员往往会单独使用或在传统实验设计中混合使用安慰剂组的设计(placebo design)[1]。安慰剂组的设计往往包含两个步骤:首先,形成一个确定会接受到刺激的群体;其次,将这个群体随机地分成施加刺激的实验组和不给予刺激的安慰剂组。比如,大卫·尼克森(David Nickerson)在关于游说拉票的实验研究中,将应门的群体随机分配为给予刺激的实验组和安慰剂组[2]。

二、退出

成员退出(attrition)也是实验当中需要尤为注意的问题。成

---

[1] 除了安慰剂组设计,还需要注意清楚地定义什么是刺激,明确将群体划分为受刺激群体和不受刺激群体的具体标准有哪些。另外,注意控制受刺激群体的规模,人数不要太多,否则更难防止不合作现象的发生。

[2] David Nickerson, "Is Voting Contagious? Evidence from Two Field Experiments", *American Political Science Review*, 2008, 102, pp.49-57.

员退出意味着结果观察值的缺失。当研究者关注的是某个刺激的长期效应,需要在施加刺激后等待较长一段时间再观察结果值,退出现象更为普遍。而在研究一些比较敏感的题目时,研究人员有可能被阻止获得或观察到实验结果。当成员的退出是随机的,与结果变量没有系统的关联,那么实验组留下的成员结果变量的均值仍然等于所有样本个体都接受刺激的结果变量的均值,同样地,控制组留下成员结果变量的均值等于所有样本个体都不接受刺激的结果变量的均值,那么观察到的实验组和控制组在结果变量上平均值的差仍然是 ATE 的无偏估计。但如果在实验组和控制组成员的退出不是随机的,即与结果变量存在系统的关联,那么实验组留下的成员结果变量的均值不等于所有样本个体都接受刺激的结果变量的均值,控制组也同理,那么依据实验组和控制组在结果变量上平均值的差来估计 ATE 将是有偏差的。一个经典的例子是关于医保报销比例如何影响医疗服务使用情况以及健康的实验研究,在分配到医疗报销比例比较低的组的成员当中,健康状况不好的人由于预期将要就医并需要自己承担较大比例医疗费用时更有可能中途退出,那么,在分析健康状况时,如果对这种退出导致的缺失值不采取任何处理,简单比较不同组别的情况则会给分析结果带来较大偏差[①]。

在遇到退出情况时,往往需要研究人员对退出群体进行评估,他们是否与结果变量存在系统的关联,从而进一步分析这部分观察缺失值是否会带来偏差及偏差的方向。当存在成员退出时,常见的策略是用极端值代替缺失值,然后可以估计出 ATE 的上限和下限。表 7-2 用一个假设的例子来展示这种策略的逻辑。

---

① Joseph Newhouse, *Free for All? Lessons from the RAND Health Insurance Experiment*, Harvard University Press, 1993.

表7-2 假设例子二

成员编号	$Y_i(d=0)$	$Y_i(d=1)$	$Y_i(d=1)-Y_i(d=0)$	分组	是否退出
1	3	8	5	实验组	否
2	**2**	5	3	**控制组**	**是**
3	4	6	2	控制组	否
4	2	10	8	实验组	否
5	3	**5**	2	**实验组**	**是**
6	1	7	6	控制组	否
7	2	8	6	实验组	否
8	5	7	2	控制组	否

表7-2当中$Y_i(d=0)$为样本成员i没有接受刺激时的结果值，$Y_i(d=1)$为样本成员i接受刺激时的结果值。如果没有退出情况的话，实验组Y的平均值为(8+10+5+8)/4=7.75，控制组Y的平均值为(2+4+1+5)/4=3，所以ATE等于4.75。那么，在假设控制组的成员2和实验组的成员5退出的情况下，如何计算出ATE？假设Y的变化区间为1到10，那么ATE的最高值为用10替代成员5并且用1替代成员2的Y值后得出，即(8+10+10+8)/4－(1+4+1+5)/4=6.25，而ATE的最低值为用1替代成员5并且用10替代成员2的Y值后得出，即(8+10+1+8)/4－(10+4+1+5)/4=1.75。因此可以得出，ATE为介于1.75到6.25之间的某个值。

除了采取极值替代的方法，实验人员在进行实验设计时，应该建立应对退出人员的方案，包括如何在退出人员中开展后续抽样调查收集进一步的信息。并且设计若干不同的关于结果变量的测量，思考用不同方法和数据来源来获得关于结果变量的测量，当出现实验结果缺失值的时候,可能可以通过其他测量计算出实验结果值。

三、溢出

在前面关于 ATE 无偏估计的讨论中,提到需要满足的两个假设条件之一为"无干扰"条件,即实验参与人员或单位之间没有相互影响。但是在现实情况下,可能存在互相干扰的情况,即溢出效应,包括:(1)实验组和控制组成员之间的交流和信息分享;(2)实验组环境的改变会影响邻近的控制组单位,比如,如果想要测量某项维护治安政策对犯罪率的影响,对某个实验组区域打击犯罪的政策干预可能会导致犯罪分子转移到邻近控制组区域,从而增加这些区域的犯罪情况;(3)社会比较效应,比如控制组成员知道实验组获得某些政策干预,比如获得房屋补助会影响对自身住房情况的评价和态度;(4)某些研究问题,比如疫苗对降低患病率的影响,本身就取决于其他成员的状况,比如实验组成员身边群体是否也都有接种疫苗[①]。

要从平均刺激效应中剔除掉溢出效应的前提是将其识别出来。识别的主要策略是通过将样本人群随机分配到四个组,并测量四个组在结果变量上的值:个体单位本身接受刺激同时周边邻近单位也接受刺激(Y_{11});个体单位本身接受刺激同时周边邻近单位未接受刺激(Y_{01});个体单位本身未接受刺激同时周边邻近单位也未接受刺激(Y_{00});个体单位本身未接受刺激同时周边邻近单位接受到了刺激(Y_{10})。那么溢出效应包括两个部分,即 $E(Y_{11})$ 与 $E(Y_{01})$ 的差值以及 $E(Y_{00})$ 与 $E(Y_{10})$ 的差值。

除了地理区域上的溢出效应,在时间维度上,前一阶段发生的

---

① 对干扰发生情况的总结,可参见 Alan Gerber, and Donald Green, *Field Experiments: Design, Analysis and Interpretation*, W.W. Norton & Company, Inc., 2012, pp.255-256。

事情对后一阶段同样会有影响,时间趋势往往会产生影响。比如通过阶梯设计(stepped-wedge design),让各个组按照随机结果先后接受某种干预措施,可以有效发现或控制时间趋势对结果变量的影响①。这种时间维度上的溢出效应,也让实验人员关注干预前事件对研究结果的影响,尤其是在大众传媒如何影响公共舆论方面的实验研究方面,关注干预前效应能够有效地挖掘平均刺激效应下掩盖的一些有意思的发现以及不同群体间的差异②。有学者指出,启动效应实验设计中刺激的效应大小与应激人群在现实生活中是否曾经接受过类似启动信息有关③。现实世界经验对实验中刺激的影响,往往较难识别或测量,是实验设计中的主要挑战之一。

除了在干预前发生的现实事件的溢出效应,在使用多刺激的实验设计中,溢出效应的一个重要来源是之前的刺激如何影响后面刺激的效应,比如在对美国少数族裔的评价中,首先提及平权法案(刺激1),可能已经导致或启动了部分受访人对少数族裔的消极偏见,再使用第二个刺激,比如提及拥有非婚生子女,可能已经对少数族裔的评价不能产生更多的影响,因此,会在估计第二个刺激对结果变量的因果效应时产生偏差。在问卷设计中,轮换(rotate)不同刺激的相对顺序,或者在统计分析中加入不同刺激亚变量的交互项,有利于辨别出是否存在这类溢出效应。同时,保证存在一个任何刺激都没有接受的控制组,对于在分析中估计并纠

---

① 更详细的介绍可参见 Alan Gerber, and Donald Green, *Field Experiments: Design, Analysis and Interpretation*, W. W. Norton & Company, Inc., 2012, pp.276-281。

② James Druckman, and Thomas Leeper, "Learning More from Political Communication Experiments: Pretreatment and Its Effects", *American Journal of Political Science*, 2012, 56(4), pp.875-896。

③ Gaines Brian, James Kuklinski, and Paul Quirk, "The Logic of the Survey Experiment Reexamined", *Political Analysis*, 2007, 15, p.16。

正这种溢出效应至关重要①。一个亟待研究的重要领域是实验刺激效应的维持长度,这可以通过跨时间的跟踪调查实验来完成。

第四节 常见实验设计的运用

根据实验人员对刺激本身内容以及刺激分配的控制程度,由高到低可以划分为实验室实验(lab experiment)、实地实验或田野实验(field experiment)和自然实验。实验室实验对刺激内容以及刺激分配的控制程度都较高,田野实验中研究人员往往对干预内容本身(比如某项干预政策)控制程度低,但是对刺激分配过程的控制程度较高。但也有例外,比如采用面访形式的问卷实验或调查实验(survey experiment)是常见的田野实验,实验人员对刺激内容以及刺激的分配都有较强的控制。而自然实验在这两方面的控制程度较低。在本质上,自然实验是一种观察性研究②。下面将介绍政治学领域经常运用的实验设计及其需要注意的问题。

实验设计大多使用两种策略:(1)前测—后测比较,即记录个体在接受刺激或干预之前以及之后的情况,通过比较前测结果和后测结果的区别来推断干预的因果效应;(2)跨组比较,即通过将样本群体随机分配到接受不同刺激和干预的组以及未施加干预的控制组,比较不同组在结果变量上的差异,进行因果推断。社会科

---

① 前面提到的例子以及更多详细的讨论,可参见 Brian Gaines, James Kuklinski, and Paul Quirk, "The Logic of the Survey Experiment Reexamined", *Political Analysis*, 2007, 15, pp.1-20; John Transue, Daniel Lee, and John Aldrich, "Treatment Spillover Effects across Survey Experiments", *Political Analysis*, 2009, 17, pp.143-161。
② Macartan Humphreys, and Jeremy Weinstein, "Field Experiments and the Political Economy of Development", *Annual Review of Political Science*, 2009, 12, pp.367-378。

学中的实验设计比较常见的是跨组比较逻辑,由于实验室实验在研究主体、参与人员以及外推性方面的局限,政治学领域较多的实验研究为田野实验,尤其是调查实验,以及自然实验设计。

常见的经典田野实验设计是通过将某项政策干预随机分配给不同组的个体单位。除了普通公众,实验对象还经常包括官员及议员等政治主体。比如,为了检验不同监督方式对遏制腐败的效用,本杰明·奥尔肯(Benjamin Olken)利用印度尼西亚政府的某个开发项目将项目涉及的两个省中的608个村随机分配到接受不同干预的组,然后观察和比较这些村在修路项目中的腐败程度[①]。为了检验信息公开对议员代表性和问责性(accountability)的影响,埃德蒙·蒙莱斯基和他的合作者在2010年越南国会开会前四个月随机选取了144名国会议员,在越南一个主要的网媒上开设包含议员个人信息及其活动内容的个人网站,然后比较这些议员与没有接受干预的议员之间在接下来参与国会全会期间各项活动的差异[②]。丹尼尔·巴特勒(Daniel Butler)和大卫·布鲁克曼(David Broockman)通过给美国州议员邮箱发邮件,操纵邮件内容和发信人的名字来测量议员的回应性以及是否存在种族歧视[③]。

一、列举实验和认可实验

在研究政治态度方面,出于理论和方法层面的考虑,调查实验设计有了较快的发展和运用。比如,在回答一些敏感问题时,受访人有可能隐藏真实的想法,或提供一个符合社会规范的答案,即出

[①] Benjamin Olken, "Monitoring Corruption: Evidence from a Field Experiment in Indonesia", *Journal of Political Economy*, 2007, 115(2), pp.200-249.

[②] Edmund Malesky, Paul Schuler, and Anh Tran, "The Adverse Effects of Sunshine: A Field Experiment on Legislative Transparency in an Authoritarian Assembly", *American Political Science Review*, 2012, 106(4), pp.762-786.

[③] Daneil Butler, and David Broockman, "Do Politician Racially Discriminate against Constituents? A Field Experiment on State Legislators", *American Journal of Political Science*, 2011, 55(3), pp.463-477.

现社会期望偏差(social desirability bias,SDB),实验研究人员建议使用列举实验(list experiment)和认可实验(endorsement experiment)来处理这类问题。政治学研究领域广泛存在社会期望偏差,包括提供政治正确的答案(政治期望偏差)。在回答诸如腐败、贿选,与性别、种族歧视相关的敏感问题时,以直接询问的方式会导致受访人拒绝回答或者是低报、瞒报真实情况,而在询问个人是否在选举中投票或公司是否遵守劳工法或进行社会捐献等被认为是公民或公司职责这类问题时,受访人倾向于高报发生情况[1]。实验人员建议运用列举实验的方法来间接询问相关问题。具体来说,通过将某个敏感问题嵌套到问题的选项中,让受访人通过回答发生了多少项而非具体发生了什么来规避 SDB 的问题。

伊齐基尔·冈萨雷斯-欧坎托斯(Ezequiel Gonzalez-Ocantos)和他的合作者们在关于尼加拉瓜贿选问题的研究是列举实验的经典研究案例[2]。直接询问贿选较难获得受访人的真实回答。因此,研究人员将贿选的测量问题嵌套到问题的选项中。具体来说,在问卷调查中,受访人被随机分成两组,控制组问卷上的相关题目及选项如下:

> 我将出示一张卡片,上面提到了一些行为,请告知在最近一次竞选中候选人或活动家开展了以下多少项行为。请不要

---

[1] Allyson Holbrook, and Jon Krosnick, "Social Desirability Bias in Voter Turnout Reports", *Public Opinion Quarterly*, 2010, 74(1), pp.37-67; Christopher Stout, and Paul Martin, "Does Descriptive Representation Lead to Social Desirability Bias? Over-Reporting of Voting among Blacks and Latinos in the United States", *Research and Politics*, 2016, 3(2), pp.1-7.

[2] Ezequiel Gonzalez-Ocantos, Chad Kiewiet de Jonge, Carlos Meléndez, Javier Osorio, and David Nickerson, "Vote Buying and Social Desirability Bias: Experimental Evidence from Nicaragua", *American Journal of Political Science*, 2012, 56, pp.202-217.

告知开展了哪些行为,仅告知多少项。

   a. 在您所在社区张贴竞选海报或标识
   b. 走访您家
   c. 在电视台或电台投放竞选广告
   d. 威胁您将选票投给某位候选人

而给实验组人群问卷上该题目的题干内容一致,选项增加了包含贿选的一项:

   a. 在您所在社区张贴竞选海报或标识
   b. 走访您家
   c. 送您礼物或者帮忙
   d. 在电视台或电台投放竞选广告
   e. 威胁您将选票投给某位候选人

实验组和控制组人群在回答这个问题上的值的差,即两组在发生条目数量上的平均值的差就是实验组题目 C 选项(贿选选项)发生的频率。列举实验方法被运用在研究种族、宗教、同性恋婚姻、选举投票、激进政治行为、恐怖主义、腐败行为等容易有 SDB 的研究议题上,提供了更加准确的测量。具体地,列举实验的结果更准确地展现了美国南方白人的种族偏见、白人对平权法案(Affirmative Action)的厌恶、对犹太人当总统的有限反对以及对女总统的较大反对[1]。列举实验方法的局限性在于:在较长时间

---

[1] James Kuklinski, Michael Cobb, and Martin Gilens, "Racial Attitudes and the 'New South'", *Journal of Politics*, 1997, 59(2), pp.323-349; James Kuklinski, et al., "Racial Prejudice and Attitudes toward Affirmative Action", *American Journal of Political Science*, 1997, 41(2), pp.402-419; Martin Gilens, Paul Sniderman, and James Kuklinski, "Affirmative Action and the Politics of Realignment", *British Journal of Political Science*, 1998, 28(1), pp.159-183; James Kane, Stephen(转下页)

里该方法只能描述不同组别群体在回答敏感问题上的组际差别，而无法开展敏感行为或态度的多变量分析。随着贝叶斯方法的发展以及与列举实验方法的结合，研究人员现在主要通过贝叶斯—马尔科夫链—门特卡罗分析法进行列举实验的多变量分析[①]。

认可实验是另一种以间接方式询问敏感问题的方式，其往往用来测量人们对某项政策的支持。实验参与人群同样被随机分成控制组和实验组。实验组接受到的干预是关于某个存在争议、比较敏感的主体也支持该项政策的陈述（即一种微妙的暗示），而控制组没有接受到关于这个主体支持该政策的暗示，然后比较实验组和控制组在政策支持程度上是否存在显著差异。如果存在，则可以推断出对这个有争议主体的支持情况。比如，有研究人员曾运用认可实验来测量阿富汗普什图人占领区域的居民对由北约主导的阿富汗国际安全援助部队（International Security Assistance Force，ISAF）的支持程度，或巴基斯坦居民对激进组织和暴力武

（接上页）Craig, and Kenneth Wald, "Religion and Presidential Politics in Florida: A List Experiment", *Social Science Quarterly*, 2004, 85（2）, pp.281-293; Matthew Streb, Barbara Burrell, Brian Frederick, and Michael Genovese, "Social Desirability Effects and Support for A Female American President", *Public Opinion Quarterly*, 2008, 72(1), pp.76-89; Seth Goldman, "Is It OK to be Anti-Gay? Social Desirability, Elite Discourse, and Expressions of Intolerance", Paper presented at the annual meeting of the Midwest Political Science Association, Chicago, IL, 2008.具体关于列举实验的统计分析，请参见 Graeme Blair, and Kosuke Imai, "Statistical Analysis of List Experiments", *Political Analysis*, 2012, 20, pp.47-77。

① Graeme Blair, and Kosuke Imai, "Statistical Analysis of List Experiments", *Political Analysis*, 2012, 20, pp.47-77. 在贝叶斯—马尔科夫链—门特卡罗分析法之前，有学者曾经提出运用新的列举实验程序来尝试弥补无法开展列举实验的多变量分析缺陷，参见 Daniel Corstange, "Sensitive Questions, Truthful Answers? Modeling the List Experiment with LISTIT", *Political Analysis*,2009, 17, pp.45-63；有学者指出这种新的程序会在研究中带来偏差，参见 Patrick Flavin, and Michael Keane, "How Angry am I? Let Me Count the Ways: Question Format Bias in List Experiment", working paper, 2009. 其他列举实验的局限性包括，由于全部不选或全选题目提供的选项会展现出受访人对敏感选项的态度，因此实验组成员在回答时有可能更倾向回避这两种情况，这有可能会对实验组的均值产生影响。

装的支持程度①。

另一类基于降低测量误差这一方法层面考虑的实验设计是基准策略(anchoring strategy)。不同个体、不同国家居民在面对同一个主观性较强的概念时,比如自由度、政治效能感等,选择相同选项并不意味着他们的值是相同甚至是不可比的。为了解决社会调查中这种个体回答或不同文化之间的不可比性,加里·金和他的合作者提出了基准情景设计(anchoring vignette)。比如,在测量和比较中国及墨西哥民众的政治效能感水平时,运用常见的问题设计得到的结果显示墨西哥民众的政治效能感总体水平明显低于中国民众。但是,通过在询问受访人自身政治效能感题目后加入一个基准情景设计,研究人员得出了不同的结论②。

询问受访人自身政治效能感的问题为：

您在多大程度上能影响政府,促使其解决某些问题?
(1) 完全没有影响
(2) 有较少影响
(3) 有一些影响
(4) 有较大影响
(5) 有非常大影响

---

① Graeme Blair, Kosuke Imai, and Jason Lyall, "Comparing and Combining List and Endorsement Experiments: Evidence from Afganistan", *American Journal of Political Science*, 2014, 58, 4, pp.1043-1063; Will Bullock, Kosuke Imai, and Jacob Shapiro, "Statistical Analysis of Endorsement Experiments: Meauring Support for Militant Groups in Pakistan", *Political Analysis*, 2011, 19, pp.363-384.

② Gary King, Christopher Murray, Joshua Salomon, and Ajay Tandon, "Enhancing the Validity and Cross-cultural Comparability of Measurement in Survey Research", *American Political Science Review*, 2004, 94, pp.191-207; Daniel Hopkins, and Gary King, "Improving Anchoring Vignettes: Designing Surveys to Correct Interpersonal Incomparability", *Public Opinion Quarterly*, 2010, 74, 2, pp.201-222. 关于不同的具体基准情景(题目),可参见"Anchoring Vignettes Website", Gary King, https://gking.harvard.edu/vign,最后浏览日期：2017年7月10日。

该问题后面的基准情景题目如下:

摩西家里缺少干净的饮用水。他希望能够改变这个状况,但是他不能投票,并且觉得政府官员都不在乎这个问题。所以他保持沉默,希望未来能有所改变。在这种情况下,你觉得,摩西在多大程度上能影响政府,促使政府解决这个问题?
(1) 完全没有影响
(2) 有较少影响
(3) 有一些影响
(4) 有较大影响
(5) 有非常大影响

通过给所有受访人一个共同的基准情景题目,可以比较受访人对自我政治效能感问题的回答与对基准情景题目的回答,来调整自我政治效能感的实际水平并使不同个体的回答之间具有可比性。假设,两个受访人 A 和 B 在评价自我政治效能时均选择选项(1)"完全没有影响",但是在回答基准情景题目评价摩西的政治效能感时,受访人 A 选择选项(1)"完全没有影响",受访人 B 选择选项(2)"有较少影响"。受访人 A 的自我政治效能感等于基准情景中的水平,而受访人 B 的自我政治效能感低于基准情景中的水平,由于关于摩西的情景题提供了一个共同的基准,受访人 A 的政治效能感水平实际上要高于受访人 B 的政治效能感。

除了解决方法层面上的问题(比如,降低测量误差),实验设计的价值和优势还包括回答一些理论上的问题,比如哪些因素会影响政治态度。调查实验最常见的设计就是情景实验:给出一个假设的情景,将受访人随机分配到不同组别,针对不同组别设计的这个假设情景的问题在某些因素的描述上存在差异,然后依据不同组别的回答来推断这些因素对态度的影响。比如,研究者关注失业者的种族因素、失业原因以及之前工作历史如何影响人们对失业人群救济的态度。情景实验设计中的具体描述如下：

> 迈克是一位26岁拥有高中学历的[黑人/白人/不提种族信息]男性。两年前,迈克[下岗了/被解雇了/因为犯罪被判刑]。在[下岗/被解雇/因为犯罪被判刑]前,迈克[有一份干了几年的稳定工作/很难坚持干一份工作超过几个月]。自从他[失业/释放],迈克一直在积极寻找工作,但是很难找到。①

不同组别问卷中括号部分选项不同,依此来考察不同情景如何影响人民对失业人群救济的支持程度。

二、自然实验

自然实验研究是一种观察研究,由于缺乏人为干扰这一特征,严格来说,自然实验不符合实验的定义。但是,由于在某些自然发生的社会或政治过程中,存在类随机的因素,将某些人或单位类随机地分成不同的组别,因此也可以用实验的逻辑来推测因果效应。虽然在过去二十年中,自然实验研究在社会科学领域有着较快的发展和运用,这一方法的局限性也一直为学者所强调,包括证实或证伪自然实验中至关重要的"类随机分配"往往存在较大不确定性;受自然发生条件的限制,自然实验研究往往需要依靠运气的成分,同时自然实验研究经常关注的问题往往缺乏与理论的紧密联系或是实质上的重要性②。

---

① Diana Mutz, *Population-Based Survey Experiments*, Princeton University Press, 2011, p.55.
② Thad Dunning, *Natural Experiment in the Social Sciences: A Design-Based Approach*, Cambridge University Press, 2012.

最经典的自然实验研究案例之一,是经济学家约书亚·安格瑞斯特(Joshua Angrist)关于兵役对退役后收入影响的研究①。美国政府在1970~1972年利用随机抽签(lottery)程序为越南战争征兵,依据生日随机将符合年龄条件的成年男性分为具有参军资格和不具备参军资格的两组。这种随机抽签的程序很好地克服了以自愿报名方式参军群体在研究中存在的自选择偏差,即影响自愿参军的因素也会影响退役后就业和收入状况,因此无法确定参军对退役后收入的影响。随机抽签程序较好地规避了这种自选择偏差。但是这种自然实验设计也存在问题,拥有资格的人可能由于各种原因并没有实际参军,而不具有资格的人却实际加入军队,最后两组人群关于收入的差异实际上只是后面将介绍的意向刺激效应,即参军资格的因果效应,而不是参军的平均刺激效应。除了征兵之外,研究人员还利用在教育券、妇女配额、议员任期期限等方面的随机分配程序开展了自然实验研究②。

表7-3列出了萨德·邓宁(Thad Dunning)总结的自然实验设计常见的"干预"来源。

表7-3 典型自然实验研究总结("类随机分配"干预)

作者及发表文章	研究问题	"干预"的来源	国家(地区)
米格尔(Miguel, 2004)[1]	国家建设和公共物品提供	肯尼亚和坦桑尼亚的国界线	肯尼亚和坦桑尼亚
波斯纳(Posner, 2004)[2]	种族关系	赞比亚和马拉维的国界线	赞比亚和马拉维

---

① Joshua Angrist, "Lifetime Earnings and the Vietnam Era Draft Lottery: Evidence from Social Security Administrative Records", *American Economic Review*, 1990, 80, 3, pp.313-336;最早的自然实验设计是约翰·斯诺(John Snow)1854年关于伦敦霍乱暴发原因的研究,可参考见 John Snow, *On the Mode of Communication of Cholera*, 2nd edition, John Churchill, 1965.

② 具体总结可参见 Thad Dunning, *Natural Experiment in the Social Sciences: A Design-Based Approach*, Cambridge University Press, 2012, p.45。

续 表

作者及发表文章	研究问题	"干预"的来源	国家(地区)
伯杰(Berger, 2009)[3]	殖民地税收制度的长期影响	南北尼日利亚分界线(北纬7°10′)	尼日利亚
格雷泽尔和罗宾斯(Glazer, and Robbins, 1985)[4]	议员的回应性	重新划分选区	美国
安索拉比赫尔、斯奈德和斯图尔特(Ansolabehere, Snyder, and Stewart, 2000)[5]	个人选票与在位者优势	重新划分选区	美国
布拉特曼(Blattman, 2008)[6]	儿童参军经历对政治参与的影响	圣灵抵抗军绑架的儿童	乌干达
莱尔(Lyall, 2009)[7]	炮弹的威慑作用	由喝醉的俄国士兵分配炸弹	车臣地区
迪特拉和斯卡格罗德斯基(Di Tella, and Schargrodsky, 2004)[8]	派驻警察对犯罪的影响	恐怖组织袭击后的警力分配	阿根廷
班纳吉和莱尔(Banerjee, and Lyer, 2005)[9]	地主力量对发展的影响	英国在印度殖民时期的土地使用权模式	印度

注:1. Edward Miguel, "Tribe or Nation? Nation Building and Public Goods in Kenya and Tanzania", *World Politics*, 2004, 56, 3, pp.327-362.

2. Daniel Posner, "The Political Salience of Cultural Difference: Why Chewas and Tumbukas are Allies in Zambia and Adversaries in Malawi", *American Political Science Review*, 2004, 98, 4, pp.529-545.

3. Daniel Berger, "Taxes, Institutions and Local Governance: Evidence from a Natural Experiment in Colonial Nigeria", unpublished manuscript, 2009.

4. Amihai Glazer, and Marc Robbins, "Congressional Responsiveness to Constituency Change", *American Journal of Political Science*, 1985, 29, 2, pp.259-273.

5. Stephen Ansolabehere, James Snyder, and Charles Stewart, "Old Voters, New

Voters, and the Personal Vote: Using Redistricting to Measure the Incumbency Advantage", *American Journal of Political Science*, 2000, 44, 1, pp.17-34.

6. Christopher Blattman, "From Violence to Voting: War and Political Participation in Uganda", *American Political Science Review*, 2008, 103, 2, pp.231-247.

7. Jason Lyall, "Does Indiscriminate Violence Incite Insurgent Attacks? Evidence from Chechnya", *Journal of Conflict Resolution*, 2009, 53, 3, pp.331-362.

8. Rafael Di Tella, and Ernesto Schargrodsky, "Do Police Reduce Crime? Estimates Using the Allocation of Police Forces after a Terrorist Attack", *American Economic Review*, 2004, 94, pp.115-133.

9. Abhijit Banerjee, and Lakshmi Iyer, "History, Institutions, and Economic Performance: The Legacy of Colonial Land Tenure Systems in India", *American Economic Review*, 2005, 95, 4, pp.1190-1213.

资料来源：Thad Dunning, *Natural Experiment in the Social Sciences: A Design-Based Approach*, Cambridge University Press, 2012, pp.46-47。

除了随机抽签、自然灾害、地理分界线等经常被视为类随机分配刺激用来进行自然实验设计之外，一些类随机划分的临界值（threshold）经常被运用在断点回归实验研究中（regression-discontinuity design，RD）。较早的经典断点回归实验设计是关于学生获得公开认可奖励对接下来成绩的影响①。由于获得奖励和没有获得奖励的群体在之前学科成绩以及影响学科成绩的因素上存在系统的差异，因此直接比较这两个群体在接下来成绩上的差异无法排除混淆变量（confounding factor）的影响以推断出认可奖项的因果效应。断点回归实验的逻辑是比较给予奖励的成绩线标准附近的群体，即刚好在成绩线以上获得奖项的群体以及刚好在成绩线以下未获得奖励的群体在结果变量上的差异。如果这条成绩线是随机划分的，即没有策略性地选择某些群体，那么，我们可以认为刚好在获奖成绩线上下的群体在获奖之前不

---

① Thad Dunning, *Natural Experiment in the Social Sciences: A Design-Based Approach*, Cambridge University Press, 2012, p.63. 具体断点回归实验设计研究，参见 Donald Thistlethwaite, and Donald Campbell, "Regression-Discontinuity Analysis: An Alternative to the Ex-post Facto Experiment", *Journal of Educational Psychology*, 1960, 51, 6, pp.309-317。

存在系统的差异会影响到以后的成绩水平；而在获奖之后这两个群体如果存在系统差异，那么，可以推断是公开认可这种奖励的因果效应。

在中国政治学领域，过去十年，海内外学者运用实验方法在政府和官员回应性、政治参与、政治支持、对具体政策的态度、政商关系等领域开展因果推断，研究成果多发表于美国顶尖政治学期刊[①]。

---

① 与政府行为以及回应性相关的实验研究，参见 Greg Distelhorst, and Yue Hou, "Constituency Service under Nondemocratic Rule: Evidence from China", *Journal of Politics*, forthcoming; Tianguang Meng, Jennifer Pan, and Ping Yang, "Conditional Receptivity to Citizen Participation: Evidence from a Survey Experiment in China", *Comparative Political Studies*, 2017, 50, 4, pp.399-433; Jidong Chen, Jennifer Pan, and Yiqing Xu, "Sources of Authoritarian Responsiveness: A Field Experiment in China", *American Journal of Political Science*, 2016, 60, 2, pp.383-400; Greg Distelhost, and Yue Hou, "Ingroup Bias in Official Behavior: A National Field Experiment in China", *Quarterly Journal of Political Science*, 2014, 9, pp.203-230; Gary King, Jennifer Pan, and Margaret Roberts, "How Censorship in China Allows Government Criticism but Silences Collective Expression", *American Political Science Review*, 2013, 107, pp.326-343. 对政治态度，包括对政府的支持和满意度等方面的实验研究，可参见 Rory Truex, "Consultative Authoritarianism and Its Limits", *Comparative Political Studies*, 2017, 50, 3, pp.329-361; Junyan Jiang, and Dali Yang, "Lying or Believing? Measuring Preference Falsification from a Political Purge in China", *Comparative Political Studies*, 2016, 49, 5, pp.600-634; Pierre Landry, and Daniela Stockmann, "Crisis Management in an Anthoritarian Regime: Media Effects During the Sichuan Earthquake", working paper, 2009; Wenfang Tang, and Yang Zhang, "Dealing with Social and Political Desirability in Chinese Surveys", working paper, 2014; Qiuqing Tai, and Rory Truex, "Public Opinion towards Return Migration: A Survey Experiment of Chinese Netizens", *China Quarterly*, 2015, 223, pp.770-786; Roy Truex, "Bias and Trust in Authoritarian Media", working paper, 2016; Yue Hou, and Kai Quek, "Rally 'Round the Red Flag: The Effects of Terror Attack on Attitudes in China", working paper, 2015. 在政商关系领域，参见 Yuhua Wang, "Relative Capture: Quasi-Experimental Evidence from the Chinese Judiciary", *Comparative Political Studies*, forthcoming. 政治学相关的国内调查实验研究，可参见孟天广、季程远：《重访数字民主：互联网介入与网络政治参与——基于列举实验的发现》，《清华大学学报（哲学社会科学版）》2016 年第 4 期；郭凤林、严洁：《网络议程设置与政治参与：基于一项调查实验》，《清华大学学报（哲学社会科学版）》2016 年第 4 期；苏毓淞、孟天广：《社会组织参与国际气候变化谈判——基于北京市的调查实验》，《清华大学学报（哲学社会科学版）》2016 年第 4 期。即将出版的专门讨论调查实验设计的专著，可参见任莉颖：《调查试验：应用与操作》，重庆出版社 2017 年版。

相较自然实验和实验室实验,田野实验的运用更为广泛,并主要借助网络媒介以及社会调查开展。经典的实验设计和方法,包括列举实验、情景干预、断点回归等,都得到了运用①。姓名、网帖内容、自然灾害、地理界线、政策调整、政治或公共事件、公共部门网站截图等被设计或运用为实验中的干预。对一些存在社会期望偏差的敏感问题,我们获得了更准确的测量结果。基于在因果推断方面的优势,实验研究推动了理论的发展,尤其在政府以及个人行为和态度这些议题上。而在对具体政策提供指导建议方面,政治学领域开展的实验研究还有待进一步发展②。

---

① 比如关于美国议员回应性的经典研究设计,参见 Daniel Butler, and David Broockman, "Do Politicians Racially Discriminate against Constitutents? A Field Experiment on State Legislators", *American Journal of Political Science*, 2011, 55, 3, pp.463-477;这些方法被运用到中国的情境中,参见 Greg Distelhost, and Yue Hou, "Ingroup Bias in Official Behavior: A National Field Experiment in China", *Quarterly Journal of Political Science*, 2014, 9, pp.203-230。

② 为现实政策提供建议是实验研究的贡献也是许多实验开展的目的,在中国开展的与现实政策关联紧密的实验研究,可参见 Herbert Smith, "Introducing New Contraceptives in Rural China: A Field Experiment", *The Annals of the American Academy of Political and Social Science*, 2005, 599, pp.246-271。

第八章
结　语

　　自行为革命以来，政治科学方法伴随着争论不断发展。对每一个方法的讨论已经越来越细致。随着因果推断占据社会科学研究的中心，研究设计和方法使用的严谨性获得了研究人员的普遍重视。对研究中内生性问题、样本和信息选择中的偏差、对外部效度的讨论等已经变得越来越自觉与主动。基于对不同研究方法优势和局限性的理解，学者在研究中愈加关注不同独立信息的互证以及不同方法的混合使用。在每个具体方法的运用中，需要注意哪些，怎样开展更加严谨，已经形成一些规范和共识。这些共识的取得以及方法意识的培养经历了数十年，也将继续不断深入。

　　每个方法都在不同程度上受到了政治研究科学化以及方法严谨化的影响甚至"冲击"。对人类学方法中信息收集过程的建模与分析，过程追踪的贝叶斯数学化表达，以及对案例选择策略的解释，包括对案例属性的辨识与不同比较策略的混合使用等，这些都反映出（被认为较"软"的严谨程度较低的）定性方法科学化、严谨化的尝试。这些变化注定充满争议，根源在于学者在社会现象的本体论和认识论方面存在差异，包括什么是因果关系，什么类型的因果关系研究更合适、可行和让人信服等。这种本体论、认识论和方法论层面的多元主义是健康有益的，也是推动研究方法进步的原动力。定性与定论之争早已过时，大家都赞同这两类方法各有优劣，研究中应混合使用、取长补短。

  方法的发展与运用并不均衡。虽然每个方法的讨论都已经非常精细，但与实验方法和社会调查方法的发展相比，书中讨论的其他方法的发展明显要慢许多，仅使用这些方法的研究发表的也只占较少的部分。行为革命带来的政治学科科学化和定量化曾让不少定性研究者深感不安。然而不可逆的方法多元化发展趋势，尤其是定量统计方法的局限性，使得认为"社会科学正面临失去一个重要成员（定性方法）的风险"这样一种担心成为多虑。对因果机制的重视是行为革命之后在研究方法领域的重大发展，它为定性研究注入了生命力，极大地拓宽了其发展潜力。令人欣喜的是，已经开始有学者对机制研究严谨化这一挑战进行有益的尝试。而实验方法和类实验方法在过去十年的迅速崛起则是对定量统计在因果推断中局限性的回应，反映了对因果推断内部效度的终极关怀。

  方法上的这些发展和进步并无法完全解决方法的局限性。方法及其具体运用策略都需要依据研究目的和因果本质类型进行权衡，选择最有助于研究目的和因果推断的方法及策略。借用乔治·博克斯（George Box）的话："基本上，所有的模型都是错的，但是有些是有用的（Essentially, all models are wrong, but some are useful）"，为本书关于方法的讨论暂告一个段落：所有的方法都是有局限的，但是对合理回答某个特定的研究问题，有些更有帮助。

附录

附录一　2015 年 IQMR 训练营开设课程

学员要求任选其中 8 门

Module 1，Regression and Case Studies—Jason Seawright

Module 2，Typological Theorizing and Inferences on Causal Mechanisms—Andrew Bennett and David Waldner

Module 3，Textual and Audio-Visual Analysis—Lisa Wedeen and James Chandler

Module 4，Process Tracing—Andrew Bennett and David Waldner

Module 5，Ethnography I— Frederic Schaffer and Timothy Pachirat

Module 6，Natural Experiments I—Thad Dunning and Daniel Hidalgo

Module 7，Qualitative and Comparative Methods I—James Mahoney and Gary Goertz

Module 8，Archival Research and Elite Interviewing—James Goldgeier, Andrew Moravcsik, and Elizabeth Saunders

Module 9，Ethnographic Methods II—Frederic Schaffer and Timothy Pachirat

Module 10，Natural Experiments II—Thad Dunning and Daniel

Hidalgo

Module 11, Qualitative and Comparative Methods II—James Mahoney and Gary Goertz

Module 12, Managing and Sharing Qualitative Data and Making Qualitative Research Transparent—Louise Corti and Diana Kapiszewski

Module 13, Ethnographic Methods III—Frederic Schaffer and Timothy Pachirat

Module 14, Computer-assisted Content Analysis I—Will Lowe and Sven Oliver Proksch

Module 15, Qualitative Comparative Analysis/fs I—Charles Ragin and Carsten Schneider

Module 16, Designing and Conducting Fieldwork: Preparing and Operating in the Field—Diana Kapiszewski and Lauren MacLean

Module 17, Computer-assisted Content Analysis II—Will Lowe and Sven Oliver Proksch

Module 18, Qualitative Comparative Analysis/fs II—Charles Ragin and Carsten Schneider

Module 19, Designing and Conducting Fieldwork: Collecting and Analyzing Data—Diana Kapiszewski and Lauren MacLean

Module 20, Mixed-method Research and Causal Mechanisms, Part 1—Nicholas Weller and Jeb Barnes

Module 21, CAQDAS I Introduction to Atlas.ti—Robert Rubinstein

Module 22, Geographic Information Systems I: Introduction to GIS as a Qualitative Research Method—Jonnell Robinson

Module 23, Interpretation and History I—Thomas Dodman and Daragh Grant

Module 24, Mixed-method Research and Causal Mechanisms,

Part 2—Nicholas Weller and Jeb Barnes

Module 25，CAQDAS Ⅱ Introduction to Atlas.ti—Robert Rubinstein

Module 26，Geographic Information Systems Ⅱ：Exploring Analytic Capabilities—Jonnell Robinson

Module 27，Interpretation and History Ⅱ：Interpretive Methods for Archival and Historical Research—Thomas Dodman and Daragh Grant

附录二 比较政治学领域一些还未被回答的大问题[①]

一、冲突研究领域

1. 什么解释了内战的激烈程度和结果？（提出者：Gretchen Casper, What explains the intensity and outcome of civil conflict?）

2. 国家间冲突与国家内部冲突的因果联系是什么？（提出者：Mark Lichbach, How does contention among states causally connect with contention within states?）

二、政治经济学/公共政策领域

1. 怎样更好地定义侍从主义？（提出者：Michael Bratton, How can we better capture the concept of clientelism?）

2. 拉美经济发展不平等对政治的影响是什么？（提出者：Wendy Hunter, What are the political repercussions of economic

---

① 摘自 2008 年美国政治学年会比较政治学分论坛通讯，参见 Gretchen Casper, et al., "Symposium: Big, Unanswered Questions in Comparative Politics", *APSA-CP Newsletter*, 2008, 19, 1, pp.6—16。

inequality in Latin America?)

3. 为什么政治学家对某些国家行为(比如,税收和教育)的关注不如其他国家行为(比如,战争、管制、社会福利)? 国家是怎样塑造其公民的?(提出者: Joel Migdal, Why have political scientists virtually ignored some sorts of huge projects, and how do states shape their citizens?)

4. 印度与中国快速经济发展的原因和影响是什么?(提出者: James Mahoney, What are the causes and consequences of the recent rapid economic growth in India and China?)

5. 政府怎样才能最好地应对环境变化产生的经济、社会和政治影响?(提出者: Sarah Birch, How can governments best cope with the economic, social and political effects of climate change?)

6. 为什么西方国家如此富有?(提出者: Sven Steinmo, Why is the West so rich?)

三、方法领域

1. 国家的规模为什么,在多大程度上,以及如何影响政治的?(提出者: Rein Taagepera, How, how much, and why does the size of a country affect its politics?)

2. 如果比较政治学家的研究目的是回答问题,为什么他们的回答不尽如人意?(提出者: Alan Zuckerman, If comparativists seeks to answer questions, why are their answers so weak?)

3. 比较政治学在方法的运用上是否与政治学其他领域不同?(提出者: Michael Lewis-Beck, Is comparative politics methodologically exceptional?)

4. 在研究中,比较政治学家如何选择"大"和"小"的问题?(提出者: Gerard Alexander, How should comparativists select "big" and "small" unanswered questions?)

四、文化/主观认知领域

1. 个人在集体行为中的作用是什么?(提出者:Kevin O'Brien, What role do individuals play in collective action?)

2. 如何更好地理解政治学中的主观因素?(提出者:Chris Anderson, How can we better understand the subjective dimension of politics?)

3. 领袖与文化的关系是什么?(提出者:Donna Lee Van Cott, What is the relationship between leadership and culture?)

4. 策略行为者如何使用信息与因果框架?(提出者:Herbert Kitschelt, How do strategic actors use information and causal frameworks?)

5. 观念和思想怎么影响政策偏好及结果?(提出者:Margarita Estevez-Abe, How do ideational interests shape policy preferences and outcomes?)

6. 个人政治决策的感知基础是什么?(提出者:Frances Rosenbluth, What are the cognitive foundations of individual political decisions?)

五、性别研究领域

1. 两性不平等是否是伊斯兰世界存在较多独裁国家的原因?(提出者:Michele Angrist, Is gender inequality responsible for the prevalence of dictatorship in the Muslim world?)

2. 为什么在实际政治中,男性处于支配地位?(提出者:Karen Beckwith, Why do men dominate politics?)

附录三 贝叶斯逻辑

贝叶斯定理的数学表达如下:

$$\Pr(P|e) = \frac{pr(P) \times pr(e|P)}{pr(P) \times pr(e|P) + pr(\sim P) \times pr(e|\sim P)}$$

其中 $\Pr(P|e)$ 是假设 P 成立的后验概率,即观察到证据 e 后认为假设 P 成立的概率;$pr(P)$ 是假设 P 成立的先验概率,即基于以往分析和经验在收集证据之前认为假设 P 成立的概率;$pr(e|P)$ 是如果假设 P 成立找到证据 e 的概率;$pr(\sim P)$ 是假设 P 不成立的先验概率;$pr(e|\sim P)$ 是如果假设 P 不成立找到证据 e 的概率。如果假设 P 成立的后验概率显著高于其先验概率,那么 e 为假设 P 提供了证实和支持证据。贝叶斯逻辑与其他推断逻辑的区别,请见表 A-1 所示。

表 A-1 社会研究中的三种推断逻辑

	在定性案例研究中的频率逻辑(frequentist logic)	比较的排除逻辑(comparative logic of elimination)	主观概率的贝叶斯逻辑(过程追踪)
对因果关系的本体论理解	常规关联和概率性的(regularity and probabilistic)	常规关联和确定性的(regularity and deterministic)	机制性的和确定性的(mechanismic and deterministic)
推断方法	经典的概率论以及关于某种关联的预测概率	密尔的契合法和求异法及其衍生方法	贝叶斯理论,根据已有信息和先验概率预期找到某类证据的可能性

续 表

	在定性案例研究中的频率逻辑（frequentist logic）	比较的排除逻辑（comparative logic of elimination）	主观概率的贝叶斯逻辑（过程追踪）
评价的因果关系类型	X对Y的平均因果效应	导致Y的必要和/或充分条件	某个因果机制是否存在
进行因果推断使用的观察值类型	比较"薄"的数据集观察值（根据KKV，使用5～20个案例）	比较"厚"的数据集观察值（2～5个深度案例分析）	先验概率以及事件发生过程的新信息；不在于信息的多少，关键在于观察到这个信息是否使得（某个假设成立）后验概率显著高于先验概率
什么构成观察值	随机选择可比较案例对关于X和Y的独立观察	关于某些现象的单个案例	观察到的关于假设机制的可观察反映的信息和证据
分析重心	以理论为中心	即关注理论也关注案例本身	即关注理论也关注案例本身
因果推断类型	跨案例推断	跨案例推断	单案例推断

资料来源：Derek Beach, and Rosmus Brun Pedersen, *Process-Tracing Methods: Foundations and Guidelines*, The University of Michigan Press, 2013, p.77。

主要参考文献

［美］艾尔·巴比:《社会研究方法(第 10 版)》,邱泽奇译,华夏出版社 2005 年版。

［英］大卫·马什、［英］格里·斯托克编:《政治科学的理论与方法》,景跃进等译,中国人民大学出版社 2013 年版。

郭正林、肖滨主编:《规范与实证的政治学方法》,广东人民出版社 2003 年版。

袁方主编:《社会研究方法教程》,北京大学出版社 2013 年版。

臧雷振:《政治学研究方法》,中国社会科学出版社 2016 年版。

Aunger, R., "On Ethnography: Storytelling or Science?", *Current Anthropology*, 1995, 36, pp.97-114.

Beach, D., & Pedersen, R., *Process-Tracing Methods: Foundations and Guidelines*, The University of Michigan Press, 2013, pp.23-44.

Becker, H., "Problems of Inference and Proof in Participant Observation", *American Sociological Review*, 1958, 23, 6, pp.652-660.

Bennett, A., & Checkel, J., *Process Tracing: From Metaphor to Analytic Tool*, Cambridge University Press, 2015.

Bennett, A., & Elman, C., "Qualitative Research: Recent Developments in Case Study Methods", *Annual Review of Political Science*, 2006, 9, pp.460-463.

Bollen, K., "Political Democracy: Conceptual and Measurement Traps", *Studies in Comparative International Development*, 1990, 25, pp.7-24.

Box-Steffensmeier, J., Brady, H., & Collier, D., eds., *The Oxford Handbook of Political Methodology*, Oxford University Press, 2008.

Brady, H., & Collier, D., eds., *Rethinking Social Inquiry*, 2nd edition, Rowman & Littlefield, 2010.

Butler, D., & Broockman, D., "Do Politician Racially Discriminate Against Constituents? A Field Experiment on State Legislators", *American Journal of Political Science*, 2011, 55(3), pp.463-477.

Carlson, A., Gallagher, M., Lieberthal, K., & Manion, M., eds., *Contemporary Chineses Politics: New Sourcs, Methods, and Field Strategies*, Cambridge University Press, 2010.

Collier, D., & Levitsky, S., "Democracy with Adjectives: Conceptual Innovation in Comparative Research", *World Politics*, 1997, 49, pp.430-451.

Collier, D., & Mahon, J., "'Stretching' Revisited: Adapting Categories in Comparative Analysis", *The American Political Science Review*, 1993, 87(4), pp.845-855.

Collier, D., & Mahoney, J., "Insights and Pitfalls: Selection Bias in Qualitative Research", *World Politics*, 1996, 49(1), pp.56-91.

Coppedge, M., "Thickening Thin Concepts and Theories:

Combining Large N and Small in Comparative Politics", *Comparative Politics*, 1999, 31(4), pp.465-476.

Dunning, T., *Natural Experiments in the Social Sciences*, Cambridge University Press, 2012.

Fearon, J., "Counterfactual and Hypothesis Testing in Political Science", *World Politics*, 1991, 43(2), pp.169-195.

Fenno, R., *Home Style: House Members in their Districts*, Little Brown, 1978.

Fowler, F., *Survey Research Methods*, 5th edition, Sage, 2014.

Geddes, B., *Paradigms and Sand Castles*, University of Michigan Press, 2003.

Geddes, B., "How the Cases You Choose Affect the Answers You Get", *Political Analysis*, 1990, 2, pp.131-149.

George, A., & Bennett, A., *Case Studies and Theory Development in the Social Sciences*, MIT Press, 2005.

Gerring, J., "Causal Mechanisms: Yes, But ...", *Comparative Political Studies*, 2010, 43(2), pp.1499-1526.

Gerring, J., "The Mechanismic Worldview: Thinking Inside the Box", *British Journal of Political Science*, 2008, 38(1), pp.161-179.

Gerring, J., "What Makes a Concept Good? A Critical Framework for Understanding Concept Formation in the Social Sciences", *Polity*, 1999, 31(3), pp.357-393.

Gerring, J., *Case Study Research: Principles and Practices*, Cambridge University Press, 2007.

Gerring, J., *Social Science Methodology: A Unified Framework*, Cambridge University Press, 2012.

Goertz, G., & Mahoney, J., *A Tale of Two Cultures:*

Qualitative and Quantitative Research in the Social Sciences, Princeton University Press, 2012.

Goertz, G., & Starr, H., eds., *Necessary Conditions: Theory, Methodology, and Applications*, Rowman & Littlefield Publishers, 2003.

Goertz, G., *Social Science Concepts: A User's Guide*, Princeton University Press, 2006.

Groves, R., et al., *Survey Methodology*, John Wiley & Sons, Inc., 2009.

Humphreys, M., & Weinstein, J., "Field Experiments and the Political Economy of Development", *Annual Review of Political Science*, 2009, 12, pp.367-378.

Kapiszewski, D., MacLean, L., & Read, B., *Field Research in Political Science: Practices and Principles*, Cambridge University Press, 2015.

King, G., Keohane, R., & Verba, S., *Designing Social Inquiry: Scientific Inference in Qualitative Research*, Princeton University Press, 1994.

Lewis, D., *Counterfactuals*, Harvard University Press, 1973.

Lichbach, M., & Zuckerman, A., eds., *Comparative Politics: Rationality, Culture and Structure*, Cambridge University Press, 2012.

Lieberman, E., "Nested Analysis as a Mixed-Method Strategy for Comparative Research", *The American Political Science Review*, 2005, 99(3), pp.435-452.

Lijphart, A., "Comparative Politics and the Comparative Method", *American Political Science Review*, 1971, 65, pp.682-693.

Lijphart, A., "The Comparable-Case Strategy in Comparative Research", *Comparative Political Studies*, 1975, 8 (2), pp.158-177.

Little, D., "Causal Explanation in the Social Sciences", *Southern Journal of Philosophy*, 1996, 34(S1), pp.31-56.

Lustick, I., "History, Historiography, and Political Science: Multiple Historical Records and the Problems of Selection Bias", *American Political Science Review*, 1996, 90,3, pp.605-618.

Mahoney, J., & Goertz, G., "The Possibility Principle: Choosing Negative Cases in Comparative Research", *American Political Science Review*, 2004, 98(4), pp.653-669.

Mahoney, J., & Rueschemeyer, D., eds., *Comparative Historical Analysis in the Social Sciences*, Cambridge University Press, 2003.

Mahoney, J., & Thelen, K., eds., *Advances in Comparative-Historical Analysis: Strategies for Social Inquiry*, Cambridge University Press, 2015.

Mahoney, J., "After KKV: The New Methodology of Qualitative Research", *World Politics*, 2010,62(1), pp.120-147.

Mahoney, J., "Strategies of Causal Inference in Small-N Analysis", *Sociological Methods and Research* 2000, 28 (May), pp.387-424.

Mahoney, J., "Toward a Unified Theory of Causality", *Comparative Political Studies*, 2008, 41(4/5), pp.412-436.

Posner, D., "African Borders as Sources of Natural Experiments: Promise and Pitfalls", *Political Science Research and Methods*, 2015, 3(2), pp.409-418.

Rohlfing, I., "What You See and What You Get: Pitfalls

and Principles of Nested Analysis in Comparative Research", *Comparative Political Studies*, 2008, 41(11), pp.1492-1514.

Rubin, H., & Rubin, I., *Qualitative Interviewing: The Art of Hearing Data*, Sage Publications, 2005.

Rueschemeyer, D., *Usable Theory: Analytic Tools for Social and Political Research*, Princeton University Press, 2009.

Sartori, G., ed., *Social Science Concepts: A Systematic Analysis*, Sage, 1984.

Sartori, G., "Comparing and Miscomparing", *Journal of Theoretical Politics*, 1991, 3(3), pp.243-257.

Sartori, G., "Concept Misformation in Comparative Politics", *American Political Science Review*, 1970, 64(4), pp.1033-1053.

Seawright, J., "Testing for Necessary and/or Sufficient Causation: Which Cases Are Relevant?", *Political Analysis*, 2002, 10(2), pp.178-193.

Shapiro, I., Smith, R., & Masoud, T., eds., *Problems and Methods in the Study of Politics*, Cambridge University Press, 2004.

Weller, N., & Jeb, B., *Finding Pathways: Mixed Method Research for Studying Causal Mechanisms*, Cambridge University Press, 2014.

后记

提笔写后记,忽觉激动。对于每一位有留美经验的研究者,初到美国大学政治学系学习,最大的冲击之一可能都是来自方法上的训练。萌发要用中文写一本政治学方法专著的念头正是在九年前博士一年级某节基础性方法课上,而当时这一天真的想法居然成真。

自从选择研究方法作为博士专业主修第二领域,便与其结下了不解之缘。本人第一篇学术文章和第一部学术著作都与研究方法有关。对于一个学者,第一本研究著作不是自己的博士论文,多少有些不寻常(对此略感不安,只能鞭策自己抓紧修改博士论文)。作出写这本专著的决定后,第一个告诉的是我的博士生导师,她的回答是,"你接下来的生活将很有压力"。的确,但她可能没有挑明的是,这是一个充满风险的决定。不过,学术的魅力在于自由和纯粹,基于兴趣,我也就任性地坚持下来了。

我要感谢对我的学术道路产生重大影响的导师墨宁(Melanie Manion)教授。在读博士期间,她对我的无私关心、悉心指导和鼓励鞭策,让我的留学经历充满收获和快乐。也是她建议我将政治学方法作为自己的专业第二领域。她的学养、谦逊、严谨、幽默和包容充分展现了优秀学者的风范,将是我学者生涯中不断靠近和学习的榜样。我也要感谢我的硕士生导师杨明教授、沈明明教授以及李磊(Pierre Landry)教授,受他们的指导和提携,让我在读研期间有幸参与到北京大学中国国情研究中心高质量的社会调查以及他们的实证研究中,这给予了我研究方法上最早的宝贵启蒙。在博士训练期间,许多优秀学者给予我指导和积极正面的影响。我很庆幸选择了威斯康星大学-麦迪逊分校这所美国中西部大学,接受了多样、中立和扎实的方法训练。我要感谢大卫·魏玛(David Weimer)、斯科特·高尔柏克(Scott Gehlbach)、查尔斯·富兰克林(Charles Franklin)和乔·皮维豪斯(Jon Pevehouse)对我在定量方法和博弈论上的指导与训练,也要感谢约翰·阿尔奎斯特(John Ahlquist)、巴里·伯顿(Barry Burden)、爱德华·弗里德曼(Edward Friedman)、尤瑟蔻·埃莱拉(Yoshiko Herrera)、刘思达(Sida Liu)、尼尔斯·林格(Nils Ringe)、盖伊·塞德曼(Gay Seidman)、艾莉·翠普(Aili Tripp)和苏珊·亚基(Susan Yackee)对我在理论和方法上的教导与启发。在麦迪逊每周若干次的学术研讨会使我获得数不清的学习如何将理论与方法有机结合并开展高质量研究的机会,我深深感激这些潜移默化的影响和塑造。除了在知识和学养层面的培养,我最感激的是这些学者用自己的研究与素养激发并不断强化着我对政治学的兴趣。再次,我要感谢蔡欣怡(Kellee Tsai)教授、龚启圣(James Kung)教授及蔡永顺(Yongshun Cai)教授对我在香港科技大学工作期间的支持和点拨。在本书的撰写过程中,初稿的不同章节分别得到了严洁副教授、侯越(Yue Hou)博士、李辉副教授及熊易寒副教授的建议和建设性修改意见,感谢他们的拨冗指点。

我要感谢我在复旦大学国际关系与公共事务学院的领导和同事们,特别是:包刚升副教授、陈明明教授、陈水生副教授、陈云教授、陈志敏教授、陈周旺教授、扶松茂教授、郭定平教授、郭苏建教授、韩福国副教授、胡鹏博士、敬乂嘉教授、郦菁博士、李辉副教授、李美玲主任、林涓副教授、刘春荣副教授、刘季平书记、刘建军教授、邱柏生教授、任军锋教授、桑玉成教授、苏长和教授、孙芳露博士、孙小逸博士、唐世平教授、唐亚林教授、王正绪教授、熊易寒副教授、臧志军教授、曾庆捷博士、张骥副教授、赵剑治博士、郑冰岛博士、郑长忠副教授、郑宇教授及朱春奎教授。感谢他们的信任让我加入复旦大学国务学院这个优秀的科研教学团队,并在科研和教学方面给予我无尽的鼓励、支持和指导。正是学院的信任让我教授研究生的研究方法课程,在教学相长中完成了这本著作。

我要感谢北京大学顾昕教授、金安平教授、李强教授、万鹏飞副教授、王浦劬教授、谢庆奎教授、徐湘林教授、燕继荣教授、杨凤春教授、袁刚教授、张长东副教授及赵成根教授;还要感谢在学术道路上很多帮助过我的师长,特别是:史耀疆教授、史为民教授、袁柏顺教授及赵树凯博士。

本书在出版过程中,复旦大学出版社责任编辑孙程姣女士付出了巨大心血,在此致谢!

最后,最重要的感谢要送给我的家人。他们的支持和关怀是我一切学术成果的前提和基石。尤其要感谢我的父母和婆婆对一双女儿的照顾,让我能够有充足的时间和精力投入科研。没有他们的无私奉献,也就没有我今天的学术产出。

在研究方法面前,我们永远都是学生,我仍在乐此不疲地不断学习。盼此书能激荡起一些认真的讨论和思考,我也就十分满足了。当然,这部专著可能存在错误或瑕疵,我对本书的观点和文字承担全部责任。如果您对本书有任何建议和意见,请与我联系,我的电子邮箱是 vera_zuo@sina.com。

左　才
2017年6月完稿于复旦大学文科楼

图书在版编目(CIP)数据

政治学研究方法的权衡与发展/左才著.—上海：复旦大学出版社，2017.9(2023.5重印)
ISBN 978-7-309-13218-2

Ⅰ.政… Ⅱ.左… Ⅲ.政治学-研究方法 Ⅳ.D0-3

中国版本图书馆 CIP 数据核字(2017)第 209226 号

政治学研究方法的权衡与发展
左　才　著
责任编辑/孙程姣

复旦大学出版社有限公司出版发行
上海市国权路 579 号　邮编：200433
网址：fupnet@fudanpress.com　http://www.fudanpress.com
门市零售：86-21-65102580　团体订购：86-21-65104505
出版部电话：86-21-65642845
上海崇明裕安印刷厂

开本 890×1240　1/32　印张 6.875　字数 163 千
2017 年 9 月第 1 版
2023 年 5 月第 1 版第 3 次印刷

ISBN 978-7-309-13218-2/D·902
定价：36.00 元

如有印装质量问题，请向复旦大学出版社有限公司出版部调换。
版权所有　侵权必究